国際協力・国際機関人材育成シリーズ　3

国際緊急人道支援のキャリアと仕事

の命と生活を守るために—

グローバルキャリアのすすめ

【目次】

国際機関・国際協力人材育成シリーズ第三作の出版にあたって

本書刊行にあたり、一言ご挨拶申し上げます。

本学は、文化的、学術的多様性のある環境下で、人、情報の交流によって、社会の正しい発展を導き、人の育成を担うべく多くの取り組みを行ってまいりました。特に、人生一〇〇年時代に入り、個人が人間性を成長させつつ、キャリアを磨き、キャリアアップを図っていく学び続ける時代にあって、社会人に向けた学びの場の創出は、本学の重要な責務であると認識しています。

その中で、二〇一九年に開講した「緊急人道支援講座」は、本学の教育の精神である〝Men and Women for Others, with Others〟を具現化する象徴的なプログラムであります。本学は、脆弱な立場に置かれている人々に寄り添い、支援、協働していく姿勢を、教育、研究、また社会貢献の面で発揮することを堅持してまいりました。緊急人道支援においては、各局面においてそれぞれの立場から行動を起こし、そして役割を果たすために、弱者に寄り添う意識を常に持ち続けることが肝要と思います。そのような意味で、この講座は、緊急支援に対する、プロジェクトマネジメントからファンドレイジングまで、現場に則した内容を多角的に配置し、意義から実際までを学ぶ画期的内容であると自負しております。

本書は、本学に設置されている国際協力人材育成センターの企画として立ち上げられました。執筆陣は、前述の講座を含め、日頃より本学のグローバル教育に多大なご協力をいただいている方々です。

日頃からのご尽力と、本書刊行にあたってのご貢献に、改めてこの場をお借りして感謝申し上げます。
本書が、緊急人道支援への役割を担う多くの方々にとって、有意義な、そしてその想いを後押しする一冊となることを願ってやみません。

二〇二〇年二月

上智大学学長　曄道佳明

はじめに

本書は、国際緊急人道支援に関わってきた人々のキャリアといまの仕事を描き、これからこの分野に関わっていきたいと考えている方々の参考にしてもらいたく企画された。今日、人々の生命・生活が脅かされる人道的危機（紛争や自然災害、感染症等）は世界中で起きており、その対応が急がれている。二〇一五年に国連の主導により初の「世界人道支援サミット」がイスタンブールで開催されたのは記憶に新しい。二〇一八年には、故郷の地を追われて逃れた難民・国内避難民の数が世界で七、〇〇〇万人を超え、過去最高となった（その数は、その後も増え続けている）。国内でも自然災害が頻繁に起きており、緊急人道支援に携わる人材の育成が急がれている。グローバル化が進み、モノが豊かになる場所がある一方で、いまこの時間にも人道的危機に直面している人々がいる。そして、このような危機は突如として発生することがあり、それは世界中どこでも起こり得るものなのである。であるからこそ、国際社会が協力して支援する体制が必要であり、その体制の中で支援を迅速に必要な人に届けるプロフェッショナルが求められるのである。

このような社会的要請がある一方で、緊急人道支援のキャリアや実際の仕事の中身については、あまり知られていない。編者が勤務する大学には、国際協力に関心がある学生が多く入学してくる。彼らの声を聞いていると、国際協力のイメージは、テレビなどで見たり聞いたりした緊急人道支援である。戦争などの災禍に見舞われ苦しむ人々、特に子どもや高齢者、女性といった脆弱な立場に置かれる可能性が高い人々に直接生活物資を届けたり、教育を提供したりする姿に共感し、いつしか自身の姿を重ねているのだ。その一方で、大学での国際協力関連の講演会やシンポジウムでは、人道支援というよりは主に開発援助や外交問題などを扱うものが多く、「これが、自分が目指していた国際協力だったのか」という声も聞こえてくる。

緊急人道支援で活躍するのは、UNHCR、WFP、UNICEFといった国連諸機関と国際協力NGOである。特に後者については、人道支援に関する専門性を有しているにもかかわらず、国内では「ボランティアで好きな人がやっている」といったイメージが未だに続いている。このようなイメージが続いている要因の一つとして、緊急人道支援のプロフェッショナルを養成するプログラムが国内にないこともあると考えている（緊急人道支援に関わる国内関係者の多くは、海外で修士号を取得している）。そのため、二〇一九年度に、大学の公開講座の枠組みで「緊急人道支援講座」を開設した。この講座では、国際協力NGOや国連機関、政府系機関、国際赤十字、民間コンサルタント会社などから職員を講師として招聘し、この世界で仕事をしていくための基礎的な知識やスキルを身につける学びを提供している。

講座では、講義時間の制約上、一人ひとりの講師が自身のキャリアについて語っていただく時間は十分に取れない。受講生からは、「講師について、もっと知りたい」という声をいただく。彼らは、「どのようなキャリアや学びを積んで緊急人道支援に関わるようになったのか」ということだけでなく、「なぜ、この仕事を選んだのか」といったことも訊きたいようである。現地の仕事の難しさや人道支援に伴うジレンマ、離れて暮らす家族や友人との関係にどう向き合っているのか、そのような困難さがあってもなおこの仕事を選ぶ理由は何か。これらの問いは、これからこの仕事を目指す人々はもちろん、そうでない人にとっても関心があることなのではないだろうか。

本書では、一三人のキャリアと仕事の内容を紹介している。それぞれの章はキャリアを積んできた本人が執筆している。前述の講座の講師や、編者が日頃から仕事を通じてお世話になっている方々が執筆陣である（編者含む）。多様な経験を持つ執筆者が集まったからか、書き方に個性がある。その個性も大事と考え、編者として手を入れさせていただいたのは最低限とした。各章の構成は、①緊急人道支援を目指す・関わるきっかけ、②これまでの経歴（それぞれ、どのような目的でどう選んだのか、など）、③現在の仕事の内容、④緊急人道支援に関わるエピソード（いままでの仕事で苦労したこと、それをいかに乗り越えたか、もしくは乗り越えようとしたか）、⑤ワーク&ライフのバランス（息抜きや趣味、家庭生活など）、そして、⑥自身にとっての緊急人道支援とは、となっている。

二〇一五年に国連は向こう一五年間とその後の課題として、持続可能な開発目標（ＳＤＧｓ）を宣言した。一七ある目標に通底する理念は、「誰も取り残すことのない」世界の実現である。その最前線に立っている人たちの生きざまを垣間見ることができるのが本書である。

編集作業をしていて、感じたことがある。先にも触れたが、執筆者の経歴は多様である。そして、その多くが「私が執筆者でよいのか」と編者に確認してきた。実際、緊急人道支援に携わっている人たちは、キャリアの最初からこの分野に関わっていたわけではない。「緊急人道支援一筋！」ではないのである。しかし、それぞれのキャリアについての記述を読んでいると、職種は数回変わっても、そこには何か一貫したスタイルや価値観のようなものが見て取れる。たとえば、即座にかつ重要な判断が求められる仕事が続いていたり、学生時代のこだわりや関心を持ち続けていたり、社会的弱者と言われる人々への思いや関心だったり、である。緊急人道支援は、仕事は「自分のやりたいことをするための収入を得るもの」、という人には向かない。仕事の大変さを考えると、割に合わないだろう。やはり、仕事の社会的意義や性質に惹かれた人たちがこの分野を現時点での到着点として選んでいるのだと思う。（なお、執筆者の肩書は本書の制作時（二〇一九年）のものである）

本書が想定している対象読者は、国際緊急人道支援に関心を持つ中学校や高校の生徒、大学生や大学院生、そして社会人と幅広い。この分野の仕事内容を理解しキャリアをリアルにイメージしてもらう、という目的からは、将来について悩む若い方やキャリアチェンジを考えている社会人は読者として大歓迎である。また、昨今学校で取り組まれている「持続可能な開発のための教育（ＥＳＤ）」や国際理解教育に取り組んでいる教育関係者、学校や大学のキャリア教育関係者などにも関心を持っていただけるであろう。

各章では、専門用語には、脚注で説明を加えている。読みやすさを重視し、あえて本文では冗長な説明を避けている。また、本書の最後には、書籍内で複数回使われた用語を一覧にして簡単な説明を付けている。緊急人道支援の仕事やキャリアで参考になる用語なので、参照いただきたい。

最後に、本書の企画段階から、緊急人道支援講座のアドバイザーである忍足謙朗さんと木村万里子さんにはお世話になった。二人のこの分野での豊富な知見と人材育成に対する想いにいつも支えられている。また、緊急人道支援講座の運営を担っていただいている、上智大学の国際協力人材育成センター（ＳＨＲＩＣ）の堀内俊一氏に本書の制作に大変お世話になった。ＳＨＲＩＣをいつも支えていただいている職員の庄司美知子さんと久野浩子さんにも、この場を借りてお礼申し上げたい。

小松太郎　上智大学総合人間科学部教授（編者、第十三章執筆）

二〇二〇年二月九日

第一章

最前線にいる人々を支えることで「人道支援」に貢献する

アイ・シー・ネット株式会社
コンサルティング事業部
須原　敦

一．緊急人道支援を目指す・関わるきっかけ

私が緊急人道支援に携わるようになったのは、国際協力NGO[1]の特定非営利活動法人ADRA Japan（アドラ・ジャパン：以下ADRA）に勤務していたときである。ADRAとの出会いは大学時代に遡る。私の姉がADRAの学生ボランティア・ツアー（途上国派遣）に毎年参加していたのだが、就職活動のために参加できない年があり、当時大学一年生だった私に参加を勧めてきたのである。そのころの私は途上国支援に大きな志を持っていたわけではなく、半ば流されるような形でツアーに参加した。

1　本書巻末の用語一覧を参照。

学生向けのプログラムが緊急の現場であるはずはなく、活動地はモンゴルの首都ウランバートルからプロペラ機と車を乗り継いで一日かかる、南部砂漠地帯の小さな村だった。ここで小学校の建設活動を行なった[2]のだが、宿泊施設の外にあったトイレはドアを開けると蝿で真っ黒、濾過しないと飲めない水、中国語表記のコカ・コーラ、馬を乗りこなす六歳ぐらいの少女たち、私たちの歓待のために目の前で解体される羊、村の子どもたちとのモンゴル相撲やバスケットボールなど、建設作業よりも村での生活のほうが鮮明に記憶に残っている。これが初海外だった私にとって、見るもの触れるものすべてが刺激であり、途上国での生活の大変さと面白さの両方を満喫した。

日本人の私から見ると不便極まりない生活をしている人々の表情は明るく、穏やかで幸せそうであった。ここで生じた海外での仕事への憧れを捨てきれず、大学三年の冬、モンゴルの学生ボランティア・ツアーを引率していたＡＤＲＡのスタッフに、学生インターンをさせてほしいと相談した。当時の事業責任者との面談を経て採用され、あとで触れるが大学と大学院の履修を並行していたため、二年ほどインターンを経験した。会報の発送や支援者情報の管理、資料の翻訳などが主な業務内容だった。原宿にあるＡＤＲＡの事務所は大学から徒歩一五分ほどだったため、講義一コマ分の空きがあるときや、講義が急に休講になったときなど、行けるときに数時間程度でも行き、仕事をした。大学の授業がある期間は週に三回ぐらい業務をしたが、長期休暇中は連日のように事務所にいたこともある。この中で、ネパールでの医療支援事業に携わる機会をいただいた。

ここで出会ったのは、原因不明の先天異常である口唇口蓋裂により人としての尊厳を奪われたネパールの人々と、彼らを無償で治療する日本人の形成外科医や麻酔科医、看護師、栄養士などからなる医療チームだった。大学の専攻（国際政治経済学）が具体的な仕事とつながるイメージが持てず、将来に悩んでいた当時の私にとって、人が人として扱われ、誇りを持って生きていくために自らの技術を捧げる医療者の姿は衝撃であり、眩しかった。このとき、たとえ自分に具体的な技能がなくとも、現場で活躍する専門家を支えることで人の役に立てるという考えに至り、以来、私は自分自身が第一線に立つよりも、最前線に立つ人々の横や後ろでの支えとなることを意識するようになる。

ＡＤＲＡとの縁は続き、二〇〇八年には正職員として三度（みたび）戻ることになる。自分が携わる仕事が「人道支援」であると意識したのはこのころだ。

二．これまでの経歴

人道支援の分野に携わる人の中には海外の大学や大学院で人権や難民問題について学んでいる人もいるが、私は留学したことはなく、大学、大学院ともに青山学院大学で過ごしている。進路を決めるときは、中学のころから得意科目だった英語を使って何かを学びたい、という漠然とした理由で青山大を選んだ。学部内でさまざまな分野を学ぶことができたため、最初に経済学、次に言語学を履修し、

2　冬の厳しい寒さを乗り越えるため、藁を固めてブロック状にした建材を断熱材として壁に積み重ね、壁面をコンクリートで塗る「ストローベイルハウス」という建築様式の学校を建設した。私たち学生ボランティア・ツアーのメンバーは、藁のブロックを専用の機械で作り、壁の部分に積んでいく作業を行った。

最終的には政治学へと転向した。政治学への転向が三年のときだったこともあり、もう少し国際政治を学びたいという理由から、一定の成績を修めていれば大学四年生と大学院一年生を並行履修できる仕組みを活用し、大学と大学院をあわせて五年で修めた。

当初の希望であった英語は学部、院のそれぞれで学び続けたが、いわゆる学問としての英語であり、実際に英語話者と対話した機会は多くない。その程度であっても、その後の海外での勤務のときには役立った。座学で英語のコミュニケーションの基礎をきちんと身につけたことは、その後のキャリアに大きく貢献した。

学生生活の後半、就職先を決める時期にADRAでのインターンを経験したこともあり、このころには将来、国際協力の世界で活動したいという思いを抱いていた。その一方で、社会人としての基礎的なスキルやマナーを身につけなければ国際協力業界で仕事をするのは難しいだろうという考えもあり、文系学生でも就ける医療分野の仕事として医薬情報担当者（Medical Representative：以下、MR）の道を選んだ。外資系のアベンティスファーマ株式会社（現：サノフィ株式会社）に入社し、北海道函館市で三年半ほどMRとして開業医や中規模病院での営業を担当したのち、同社を退職した社員に乞われて糖尿病患者の支援団体で一年半ほど働いた。その後、ふとしたタイミングでADRAに連絡したところ、偶然、ネパール事業担当に空きが出たことを知り、ADRAに正職員として戻ることにした。

ADRAでは学生時代に関わったネパールでの医療支援事業と貧困家庭の子ども向けの奨学金事業を主に担当したほか、首都カトマンズから国内便と車で三日かかる山奥の僻村での母子医療センター

東日本大震災時、宮城での支援物資の管理。手前が筆者

の建設支援事業も担当した。人道支援としては、二〇一〇年にスーダン南部（現在の南スーダン）で帰還民（詳しくは後述）の再定着支援に従事したほか、二〇一一年の東日本大震災の際には発災直後の初動調査や帰宅困難者向けの一時休憩スペースの運営、支援物資の管理、被災した宮城県内の福祉施設への物資配付、広報などの緊急・復興支援を、二〇一五年のネパール地震の際には初動支援の補佐、助成金管理、事業モニタリング・評価などの緊急・復興支援を担った。そして二〇一六年、現在の職場であるアイ・シー・ネット株式会社（以下、ＩＣＮｅｔ）に転職した。

　ＡＤＲＡで従事してきた業務や国からは、私の活動が「緊急」支援とは思えないという方もいるだろう。しかし、平時の生活環境からしてすでに自国内の他地域や周辺国に比べ劣悪で、日常生活の中に生命や人としての尊厳が損なわれる危険が潜むネパールの山間部や、いわれのない差別により人権を侵害され、存在を否定されてきた口唇口蓋裂の患者などに触れてきた私にとって、「事業地が緊急事態であるかどうか」はあまり大きな意味を持たない。目の前にいる人たちはみな、人としての尊厳が損なわれ、辛い環境下に置かれていた。そこを緊急か平時かで分ける必要はなく、私の活動していた場所は常に「人道支援」の現場であったと思っている。

三．現在の仕事の内容

ＩＣＮｅｔは開発コンサルティング会社[3]である。橋や空港といったハードインフラを作るのではなく、現地で働く「人」や「組織」などの育成や能力向上を通じて対象国を支援する、ソフト系の開発コンサルティング会社だ。社員のほとんどは「開発コンサルタント」として、ＪＩＣＡや世界銀行などが公示する開発援助案件を受注し、世界各地で援助事業を実施している。

私の業務はこうした同僚たちとはやや異なり、国際協力に現在携わっている、あるいは将来携わることになる国内外の人材を育成する研修の実施や、スタディツアーの企画運営を担っている。特に研修の比率が高く、対象者は外国人を含む国際協力ＮＧＯの職員、大学や大学院の教職員や学生、海外での業務に携わる一般企業の社員、途上国での開発支援を行う日本国内外の行政職員など、実に多様だ。彼らが海外の支援現場で適切な事業の計画立案や円滑な運営管理、評価をするための知識や技術を提供する研修を実施している。また会社の業務とは別に、「支援の質とアカウンタビリティ向上

JQAN 研修での講師業務

ネットワーク」[4]（Quality and Accountability Network Japan：以下、ＪＱＡＮ）の認定トレーナーとして、人道支援の国際基準に関する研修の講師も担当している。

ここで扱う主な内容は、近年徐々に知られてきているスフィア・スタンダード[5]である。トイレの数や避難所の広さなど、数字的な部分のみが報じられることも多いが、人道支援を行う個人や組織に求められる心構えや法的・倫理的背景、人道支援における原則や理念、人道危機下において特にその立場を脅かされる脆弱な人々への配慮、人道支援の際の具体的な指針など、さまざまな内容が含まれる。この基準をふまえることで、支援のギャップや漏れを防ぎ、苦し

3　本書巻末の用語一覧を参照。
4　本書巻末の用語一覧を参照。
5　本書巻末の用語一覧を参照。

い立場を耐え続ける人々を減らす活動が可能となる。

こうした研修の講師を務めることは、大学時代に志した「第一線に立つ人々を支えることで人道支援に貢献する」という考え方にも合致するため、この分野での自身のキャリア形成も意識している。

四．緊急人道支援に関するエピソード

これまで主に日本国内での業務に関わってきた私であるが、ＡＤＲＡでは二〇一〇年に数カ月、スーダン内戦の終結後に自国に帰還してきた避難民の生活再建支援事業のため、スーダン南部のパガックという小さな集落に駐在したことがある。

首都ジュバとの連絡は週に一回の国連のプロペラ機のみ、食材調達にはピックアップトラックで国境を越え、隣国エチオピアのガンベラという町まで未舗装の道を四時間以上かけて行かなければならず、雨季には生命線とも言えるこの道が水没して車が使えず孤立無援になるという、一般の人が考える「緊急人道支援が行われる土地」のイメージと合致する場所であった。

ここでは帰還民が利用する施設の補修を主に担ったが、印象深いのは仕事内容よりも村からの緊急避難である。駐在中、選挙の実施に伴い私のいた小さな村でも治安の悪化が懸念され、各々の候補を支持する勢力同士が衝突する危険性が高まった。いよいよ避難しなければ危険という期に及び、首都からの国連のプロペラ機は治安悪化を理由に村には来ないことになり、急遽、陸路でエチオピアに行き、そこから空路でケニアまで避難することになった。大きな荷物は持ち出せず、リュックに最低限

パガックで一緒に働いた現地の同僚たち

の物を詰め、現地スタッフに助けられてガンベラまで辿り着き、そこから国内便で首都アディスアベバへ。一件落着かと思いきや、そこからケニアに国際線で移動する際、出国管理ゲートで足止めされた。

当時、私が通過していたスーダンとエチオピアの国境地帯ではパスポートを見せずとも、滞在していた村の村長が出す書類があれば外国人でも通過できた。普段、食材や建物の補修用の建材を購入するためにガンベラに行くときにも、この方法を採っていた。このときの避難でも同じ手段でエチオピアに入ったため、当然ながら私がエチオピアに入国した証拠がパスポートになく、エチオピアに「密入国」していると判断されたのである。

入国管理局の職員に村長のレターを見せ、事情を説明。徐々に増えていく入国管理局の職員にも話を繰り返し、三〇分ほどかけて何とか「出国」のスタンプを押してもらい、無事にケニアへの便に乗ることができた。すでに失効した「出国しかしていない」このパスポートは、いまでも当時の緊急避難の記念として大事に残してある。緊急時、自分がどこから来た誰なのか、ということを証明することの難しさや重要性を体感した出来事であった。

南スーダンの村で一緒に働いていたスタッフはみな、スーダン内戦時はエチオピアやケニアの難民キャンプで暮らしていた。後で彼らに話を聞いたとき、キャンプにいたころは自分が難民であることの証明書やパスポート、学校の卒業証明書を大事に保管していたとのことであった。緊急下に置かれ、自らの立場が脅かされている人々にとっては、自己を証明できるか否かは文字通り、命運を分けるのである。平和で、隣国と陸路で国境を接しない日本で暮らしていた私には、自分の身に降りかかるまでは到底理解できなかった貴重な経験であった。

五．ワーク&ライフのバランス

NGOのADRA勤務時代は年に何度かネパールに渡航し、年間通算四カ月ほどは現地で業務をこなして、残りは日本で過ごしていた。このころは、どちらかというと仕事偏重の生活だった。私は駐在員として現地に長期滞在していたわけではなかったため、渡航期間内に求められる作業をすべて終えなければならないという切迫感があった。平日は一日中パソコン作業や現地スタッフとの話し合いをし、事業地の訪問も行なったほか、必要があれば休日も作業をした。事務所のセキュリティの関係上、パソコンを常にゲストハウスに持って帰っていたことも、昼夜を問わずパソコン作業ができてしまう状況に拍車をかけていた。仕事とプライベートの区分はほぼなかったと言っていい。

そのころの私のプライベートでの気分転換の手段は睡眠、読書、滞在していたホテル近くの日本食レストランでの週末の昼食などである。いずれもたいして労力やコストはかからず、外出する必要もほぼなく、何よりも大事なことに、電力がない僻地の村や停電中のゲストハウスでも実践できるものばかりであった。

転職していまの仕事を始めてからは海外での仕事に携わる機会はぐっと減り、年に数回、一週間程度の出張をするくらいである。その代わり、研修講師として国内各地に出張をすることが多くなった。多いときには月に三回ほど、自宅と日本各地を行き来している。

国内出張が増えたことに加え、子どもに恵まれたことで生活環境は大きく変わった。子どもと接するのは癒しである一方、家事や育児はある意味でワークであり、一日の中でワークが占める時間は多い。「ライフ」を一人で過ごせる時間と考えるなら、往復で合計二時間ほどの通勤中と、寝る前の約一時間、計三時間程度が私の「ライフ」の時間である。

最近はこの通勤時間を使い、職場への途中駅まで、週二回ほど通勤ランをしている。一〇キロメートルぐらい走ることで体調維持につながっているほか、周りの景色を楽しんだり自分の体調を自問したりすることで、頭もリフレッシュできている。国内出張のときにもシューズとウェアを持参する。見知らぬ街を交通標識やランドマークを見つつ、時折迷いながらジョギングするのが一つの楽しみだ。

また、ＮＧＯ勤務時代からの息抜きである読書も、寝る前や出張前後の移動時間など、細かい隙間時間を使って楽しんでいる。

いまの生活において、ワークの時間を減らしライフの時間を増やすのは難しい。ワークとライフのバランスを取るには、それぞれの時間の長さを調整することも重要だが、「ライフ」を楽しむときに「ワーク」から頭を切り替えることが大切だと思っている。

人道支援に携わっていると、「困難な状況に置かれた人々が気になって自分の生活を楽しめない」「自分が日本で平和に暮らしていることに罪悪感を覚える」という人に出会うことがある。特に緊急時に被災地に赴いて人道支援をする仕事に就いている場合、仕事を切り上げて個人の時間を持つというのは、かなり強い意識や周囲の配慮がないと難しい。

しかし、人道支援に携わる者が支援活動の負荷に耐えきれず、燃え尽きてしまっては元も子もない。健全かつ持続的に活動を行えるように自己を律し業務を管理するというのもまた、人道支援において必要な条件であり、技能の一つである。このことは前出のスフィア・スタンダードにおいても必須基準の一つとして明記されている。手軽に楽しめるストレス解消手段を見つけ、そこに没頭できるような意識を持つことが、ワークとライフのバランスの保持につながるというのが個人的な考え方である。

六．自身にとっての緊急人道支援とは

これまで述べたように、私は「緊急人道支援の専門家」としては傍流のキャリアを歩んできている。

私を緊急人道支援のプロではなく、せいぜい国際協力活動に携わる人物の一人と見なす人もいるだろう。

私にとって人道支援とは「人間としての尊厳が脅かされている人々が、平穏に普通の人生を送れるようになるために手を差し伸べ、共に歩むこと」である。繰り返しになるが、そこが緊急時であるか、平時であるかの違いはあまりない。災害や紛争が起きていなくても、何かしらの理由で生きることを辛いと感じている人がいるならば、そこには人道危機があり、人道支援の必要がある。

ADRAでの上司が言っていた印象的な言葉に「NGO職員の究極の目標は失業である」というものがある。NGO職員でなくなったいまも、この考え方は私の中に根づいている。辛く困難な環境に苦しむ人が世界中からいなくなれば、NGOや開発コンサルティング会社なども含め、人道支援を行う組織や企業は存在意義と仕事を失う。これは理想論だ。現実には大規模な災害は世界中で必ず起き、国内紛争や戦争も残念ながらなくならないだろう。それでも、危機下で苦しみ、生きにくさを感じている人を一人でも減らすための努力を怠らないことが、人道支援に携わる者の責任である。

人道支援の仕事がなくなり、失職することを最終目標に仕事に向き合う。矛盾するようなこの考え方が、私が人道支援の世界に携わり続けるモチベーションである。

須原　敦
（すはら　あつし）

アイ・シー・ネット株式会社コンサルティング事業部所属。青山学院大学学士（国際経済学）、修士（国際政治学）。外資系製薬会社に勤務後、特定非営利活動法人ＡＤＲＡ Ｊａｐａｎにてネパールにおける開発支援事業・緊急救援事業、南スーダン（当時はスーダン南部）における避難民帰還・再定着支援事業、東日本大震災緊急支援・復興支援事業などに携わる。二〇一六年一一月より現職。国内外のＮＧＯや行政職員を対象とした事業マネジメント手法や社会調査手法に関する研修の講師経験多数。支援の質とアカウンタビリティ向上ネットワーク（ＪＱＡＮ）認定トレーナー。

第二章　世界に羽ばたく日本発の国際緊急人道支援調整エキスパート

JICA国際緊急援助隊事務局
国際協力専門員
勝部　司

一・緊急人道支援を目指す・関わるきっかけ

「セルビア人警官のウソが夫を殺した」。確かこんな見出しだったと思う。新聞一面に親を失った子の顔がクローズアップされ、否応にも大粒の涙が目に留まる。当時高校生だった私には非常にセンセーショナルだったと思う。コソボ紛争、一九九八年のことである。

もともと、小さいころから外国の文化に関心があり、「国際」「政治」「経済」などの単語が持つ響きに漠然とした憧れがあった。これをまさに体現するように、高校進学先には商業高校の「国際経済課」を選び、国際関係学などを学べる大学を進学先として決定した。この新聞記事に出会ったのは大学進学を目指している時期だったと思う。自らの将来について真剣に考えていたときだったからこそ、新聞を通じて伝えられる世界の実情に衝撃を受けた。このころから国際関係学という広範な学問分野からさらに特化し、「紛争」などに関わる分野を学びたいと考え始めていた。

二．これまでの経歴

このような経緯で進学した大学の異文化交流というプログラムで二年生の夏に一カ月の間、カリフォルニア州モントレー国際大学で英語を学びながらホームステイするという機会を得た。いわば自分の中の「外国」を形成している国で過ごす喜びは大きかったものの、次はアメリカという多文化共生を目の当たりにして日本との違いに大きな驚きを覚えた。加えて、さまざまな肌の色やバックグラウンドの人々がアメリカという価値の中で、共通の言語たる英語で意思疎通をしていることを知り、英語を使いこなすことの重要性を再認識した。この充実したホームステイの最後に事件が起きた。帰国の日は忘れもしない二〇〇一年九月一一日、サンフランシスコ発の便であった。

帰国してテレビをつけるとワールド・トレードセンター・ビルに突っ込む飛行機と崩れゆくビル群の映像がどのチャンネルでも流れていた。ここから始まる一連の流れで、安全保障、テロ、正義、紛争などのトピックに改めて一層の関心を寄せるようになった。その後、大学三年生のとき、国際関係学の講義で国連PKOの課題として扱ったソマリア紛争に強く関心を抱き、これがきっかけとなり紛争解決についてさらなる専門知識を体系的に学びたいと進路が定まった。紛争解決学を学ぶ進路先としては、当時の担当教官から英国のブラッドフォード大学の名前を聞き、これを大学院進学先と決めた。

フィリピン台風2013年の際に従事したタクロバン空港での調整（左が筆者）

大学院では紛争解決学コースに籍を置き、ソマリア紛争を軸として関連学問に関する専門的知識を深めた。このコースには世界中から一〇〇名を超える学生が参加していたが、多くが卒業後に武力紛争下にある地域でエイドワーカーとして身を立てたいと考えるような進路を目指していた。このころから私の中で、本当にエイドワーカーとして銃弾飛び交うような環境に身を置きたいのか、それとも単なる学問的な対象として関心があるだけなのかを逡巡するようになっていた。また、学問としての国際政治、紛争解決学、平和構築などは文献を当たれば当たるほど、学問分野として研究し尽くされているような無力感を抱くようになった。レイトカマーである私に何らかの貢献の余地があるとは思えなかった。

このような悩みに結論を見出すでもなく修士

コースの一年を終え、帰国後はインターンシップとして神戸にある国連人道問題調整事務所（UN Office for the Coordination of Humanitarian Affairs：以下、ＯＣＨＡ）にお世話になることになった。ＯＣＨＡの情報集積サイトとして「リリーフウェブ」というウェブサイトがあり、これを運営するという仕事の補佐を七カ月勤めた。基本的には世界中の紛争と自然災害などの情報を監視し、収集した情報の掲載意義を分析して同ウェブサイトに転載するというものであった。この結果として、世界中のどこでどのような災害が発生しているかを把握し、必要に応じて最適な情報源から情報を入手するというスキルを得ることができるようになった。このころになると、情報という観点から、紛争よりも自然災害のほうに強い関心を持つようになった。つまり、紛争については数年に一度大きな動きがあるかどうかというところであるが、自然災害に関しては、たとえば大地震が発生した場合など、世界中の支援関連アクターが一斉にこぞって動き出し、これに応じて関連する情報が爆発的に増加して飛び交う。紛争に関する情報が静的と思える一方で、一度発生すると刻一刻と変わりゆくこの動的なうねりを不謹慎ながら「面白い」と感じるようになった。

その後はリリーフウェブで学んだスキルを「緊急災害情報収集」と称して、これを軸にキャリアアップを図った。リリーフウェブでの仕事ぶりが評価され、壁を挟んで隣にある財団法人アジア防災センターで勤務を開始することとなった。ここでも災害情報に関する業務に従事した。後にフィールドでの経験を積むこととＮＧＯという働き方を経験したいということから、上京して特定非営利法人「ジャパン・プラットフォーム」に職を求めた。実際にはフィールドというよりは東京において事務局勤務だったが、数十のNGOから構成されるジャパン・プラットフォームにおいて、プログラム計画やプロジェクト管理などを学ぶ機会を得た。さまざまな団体が実施しようとするプロジェクトの予算審査などを行う中で、プロジェクトの規模感や種類、運営の難しさを垣間見ることができた。また、プロジェクトモニタリングという名目で、実際に支援の現場に赴いて各団体が実施するプロジェクトを実査し、支援活動に関する理解を深めた。当時関わることができた災害は、バングラデシュ・サイクロン「シドル」、ペルー地震、ミャンマー・サイクロン「ナルギス」、中国四川地震、パキスタン地震、ハイチ地震、新潟中越沖地震などさまざまであった。間接的ながらも南スーダン、パキスタン・アフガニスタン、スリランカなど紛争由来の人道支援にも関わることができた。また、NGOにおける広報活動やファンドレイジング活動にも関わり、財源獲得とそのための広報活動の重要性などもここで学ぶことができた。いま考えると、これら国際支援NGOが実施する事業を通じて、またさまざまな背景を持つ経験豊かな関係者を介して得られたことが多かったと感じる。そういう意味では、「プラットフォーム」という機会を最大限に利用させてもらい、関係者に育ててもらったと言っても過言ではない。

さてこの後、これまで関わった人道支援、特に自然災害に対する支援と緊急情報収集という「武器」を持って独立行政法人国際協力機構（JICA）[1]の国際緊急援助隊（Japan Disaster Relief：以下、JDR）事務局に勤務することとなった。フィールドにおける支援経験に関しては数多の先達に太刀打ち

1　本書巻末の用語一覧を参照。

バングラデシュ・サイクロン2007年の際の被災者支援の一幕（左が筆者）

できないものの、災害に関する情報収集については一家言あったため、この時点においてもリリーフウェブで学んだ情報収集の技術を前面に出してセールスポイントとしていた。ＮＧＯから政府系機関への転身となったが、この背景には、より大きな支援規模で仕事がしたいと思ったこと、またＮＧＯ以外の仕事のやり方を学びたいという気持ちが強かったことを覚えている。

ＪＩＣＡでは開始直後から好機に恵まれた。入構後すぐにＯＣＨＡが主催する国連災害評価調整チーム（United Nations Disaster Assessment and Coordination：以下、ＵＮＤＡＣ）の研修に参加し、登録メンバーとして名を連ねることとなった。ＵＮＤＡＣは大規模災害などの際に国連から被災国に派遣される「支援調整活動のエキスパート」である。調整活動とはいわばすべての支援形態に通じるインフラであり、緊急期の国際支援においては必ず必要となる基礎活動である。シェルター、教育など支援の個別分野に特化したのではなく、支援調整という分野に専門性を見出したことがキャリア形成の追い風となった。そもそも日本人で三名程度など、UNDAC登録人材自体の数が非常に限られている点から希少性があり、応分の希少な経験を得ることができる。また、調整というすべての災害対応で求められる守備範囲の広さが、多くの国際支援の機会との接点を提供してくれた。

三．現在の仕事の内容

JDR事務局は、国際緊急援助隊（JDRチーム）の派遣を実施するための事務局である。JDRチームの派遣は「国際緊急援助隊の派遣に関する法律（JDR法）」に定められた政府の事業であり、日本政府が行う緊急人道支援の一つの手段である。JDRチームと言った場合、医療チーム、救助チーム、感染症対策チームなど五つのチーム派遣に分類される。私はこの事務局の中で大きく分けて三種類の業務に従事している。まず、JDRチームの中でも救助チームと医療チームに関する研修、演習、訓練の立案、準備、計画、実施、評価である。これらのチームは規模が大きくまた登録される隊員の数が多い。また高度な知識を求められることもあり、国際的な認定などもあることから、継続的な隊員の能力強化が必要となる。こういったニーズに応えるため、関係者と協力しつつ能力向上のための機会を設定する。「関係者」とは、たとえば救助チームの場合は外務省、警察庁、消防庁、海上保安庁であり、医療チームで言えば、登録している民間の医療従事者である。たとえば救助チームであれば、大小さまざまな七種類程度の研修機会があり、年間を通じてひっきりなしに行なっている。

ＪＤＲチームの二つ目の業務は、チームおよび事務局の派遣体制強化である。たとえば救助チームの場合、チームの標準体制は七〇名の隊員、四頭の救助犬、一二トン程度の機材となっている。ＪＤＲ事務局の役割は、これらを迅速に動員し輸送し被災地で活動を行う環境を整備することである。つまり、日本からの飛行機を含む輸送、現地ＪＩＣＡ事務所や大使館との渉外、関連する情報収集、隊員の動員、国際機関などとの調整、通訳や現地ドライバーなどの傭上、水食糧などの調達、活動資金の調達など、チームの活動にかかるほとんどすべての側面に関する環境整備を行う。これら自体がすでに複雑な業務であるうえに、活動対象となる国や災害種なども変数としてこの複雑さに輪をかける。他方、災害対応の緊急期には無論迅速さが求められているわけであり、必要な業務を遺漏なく迅速かつ効率的に実施する必要がある。これを達成するためには、ＪＤＲ事務局内のスタッフが手続きについて一様に習熟していることが最重要となる。このためには手続きに関する標準手順書の整備やスタッフの練度の向上が不可欠であり、この対策を行わなければ、有事の際にチームの派遣ができなくなってしまう。派遣体制強化とは、平時から派遣に関わるすべての手続きを明らかにし、これを手順化し、さらにこれを運用するスタッフを訓練するということである。

最後は、国際的なルール作りや研修プログラムの作成などである。世界にはＪＤＲ救助チームや医療チームのように同じような目的で設置されたチームが多数存在する。また、政府チームだけではなく、ＮＧＯや国際機関を母体とするチームも存在している。いわば同業者である。これらを束ねるネットワークも存在し、たとえば救助であれば国際捜索救助諮問グループ（ＩＮＳＡＲＡＧ）がＯＣＨＡを事務局として、また国の内外で活動する災害医療チーム（ＥＭＴｓ）のネットワーク運営を世界保健機関（ＷＨＯ）が所掌している。このネットワークの中で共通のルールが策定され、また共通の研修プログラムが設計されるのだが、こういった活動のための作業部会に参画している。また実際に研修などが実施される際には講師として参加することが多い。

四．緊急人道支援に関わるエピソード

私はＪＤＲチームが派遣される場合、チームの一員として参加する。他方、ＪＤＲチームの派遣有無にかかわらず前述の国連災害評価調整チーム（ＵＮＤＡＣ）メンバーとして派遣される可能性もある。実際にはＪＤＲチームとして派遣されたのは一回、ＵＮＤＡＣとしては五回の派遣であり、どちらかというとＵＮＤＡＣとしての派遣によってフィールド経験を培ってきた。その中でも二〇一三年一一月のフィリピン台風ハイヤン（現地名ヨランダ）の対応は最も過酷なミッションとして記憶に残っている。

ＵＮＤＡＣメンバーとして被災中心となったタクロバンに被災直後に派遣された。タクロバン空港に陣取り、海外から到着する支援者を登録・調整する役割を担った。調整の基本として二つのことが言える。誰もが調整するのは好きだが調整されるのは好まれないということ、加えて、支援者たちはひとたび支援地に入って支援を開始すると忙殺されるため調整への関与は優先度が落ちてしまうとい

うことである。しかしながら、調整活動というのはすべての活動を効率的効果的に被災者の人々のために最大化するために重要であり、これを蔑ろにすると善意の支援が逆に被災者に不利益をもたらすことにつながる。たとえば救援物資が特定の地域に集中すれば、それ以外の地域には支援が届きにくい状態になったり、届いたとしても必要とされていない物資であれば被災者の状況改善にはつながらない。また、何が必要とされているかを把握するための調査活動に関しても、調査実施者側が調整の下に動いていなければ、被災者は同じ質問を何度も繰り返して別の支援者に聞かれることもあるだろう。UNDACメンバーとして空港での活動は、まさにこういった状況を未然に防ぐため、到着地において支援者を一網打尽に調整下に置くための調整の水際作戦である。

これを行うため他二名のスタッフと屋根が吹き飛ばされて水没した空港で二週間を過ごした。四〇度以上にもなる炎天下のアスファルトの上で水食糧も十分でない中、到着する支援者の支援調整を行なった。この中で最も難しいタスクだったのは、到着する大型の支援チームを空港から被災中心地であるタクロバン市内に移動するための調整だった。本来であれば被災地における移動手段の確保はUNDACメンバーの責任ではなく、到着する各チームの自己完結性に委ねられるものである。しかしながらタクロバンの状況はそうも言っていられず、タクロバン空港に次々に降り立つ支援者を五キロ先の市内に送り出さなければ、到着空港がパンクし支援全体が麻痺してしまうという結果になりかねなかった。このため、例外的と割り切り、あらゆる手段を動員してこの活動を完遂した。まさに国際社会からフィリピンの被災者にもたらされる支援の成否がすべて私の調整能力にかかっているという自負で臨んだ。時には一〇〇名、二〇トン以上の機材を擁するチームを複数同時並行的に扱い、フィリピン軍や米軍、さらには関連する国連機関や地元コミュニティを動員し使える輸送手段はすべて利用して対応に当たった。

炎天下での作業、陸の孤島と化した後方支援から隔絶された場所、被災者と変わらない支援環境など非常にタフな支援であった。その中でも、これまで培った交渉力、臨機応変に変わる環境への適応力などを発揮した。それまでの訓練がいきたということもあるが、反対に事態収拾をマニュアル通りに行わず、ありとあらゆる可能性から対応手段を検討した。たとえば現地の被災したトラックドライバーやタクシードライバーなどを動員して、急ごしらえの輸送チームとして利用するなどの機転などはまさにこの典型例だったと言える。

五．ワーク&ライフのバランス

災害の発生は時を選ばないため、週七日、二四時間の対応態勢を基本としている。ひとたび大規模災害が発生すると、数時間の間に被災国に向けて出発する可能性もある。また、平時においても海外出張が多く、平均すると年間合計で二～三カ月程度は海外で過ごして

職場の理解に恵まれながら
（JICAファミリーデーでの一幕）

いることになる。こういった仕事柄、気が休まるのかという質問を多くいただく。しかし実際にはイメージよりもワークライフバランスは充実していると言ってよいだろう。有事の際に最大限の力を発揮することが求められるため、平時から緊張し過ぎることはよくないという考えで過ごしている。たとえばゴムが平時から伸びきっていれば、有事の際にさらに伸ばそうと思うと切れてしまうように、平時においては多少の緩みがあってこそ有事に本領が発揮できる。

家族は妻と三歳になる男の子が一人の三人暮らしで、都内に住んでいる。専ら子育てに熱心に取り組んでおり、土日は子どもと公園に繰り出すのが決まりとなっている。出張が多いため、私が不在の際には妻が子どものすべての面倒を見なくてはならない点が難しいところであるが、その分、私が日本にいる場合は子どもの通院などを優先して休暇を取得することにしている。子どもが小さいときには保育園から病気をもらってくることが多く、たびたび職場を休まなければならない。家に仕事を持ち帰ったり在宅勤務の制度などを活用したりと工夫しているが、職場や同僚に迷惑をかけてしまうことも多々ある。こういうときはあらためて上司、同僚の理解や子育てに寛容な職場環境をありがたく感じる。

六．自身にとっての緊急人道支援とは

私にとって緊急人道支援に関わる現在の仕事は天職でも何でもなく、敢えて言うならこれまで重ねてきた選択の延長線上にある一時的な結果という感覚である。現在は縁あってたまたま人道支援に関

わっているという表現が適当かもしれない。結果的に経験年数を重ねる中で、自分が社会の中で最も貢献できる手段として、また自己の承認欲求を満たす手段として、さらには他の人に比べて比較優位がある分野として、緊急人道支援に関わることが居心地よいと考えていることは確かだと思う。しかし将来的にこの価値観が変わりまったく異なる仕事に就いている可能性は十分にある。人によっては「人道支援」を天職と考えて同分野の仕事に固執する人もいるかもしれないし、学生やキャリア形成を駆け出した人たちは何らかの天職を見つけて人生のミッションを探り当てないといけないかのような焦燥感に駆られることもあるかもしれない。これを否定するものではないが、私なりの答えとしては、「すべてを好機と捉えて一生懸命に知的好奇心を探求すること」に尽きると考えている。つまり、あまり先入観を持って自分にはこれしかないと決めつけてかかるのではなく、さまざまな可能性を模索してみることをお勧めする。また、それぞれの機会に対して一生懸命であれば、本当に自分に向いているかそうでないかを判断することもできるだろう。懸命に取り組めるものに出会えると自分にとってはもちろん、社会にとって最もよい貢献になるだろう。この積み重ねの中で「たまたま」一時的に行き着いた先が、私にとっては緊急人道支援という仕事である。

勝部　司
（かつべ　つかさ）

国際協力機構（JICA）、国際緊急援助隊事務局、国際協力専門員（緊急人道支援）。ブラッドフォード大学紛争解決学修士。アジア防災センター、ジャパン・プラットフォーム、外務省NGO専門調査員等を経て二〇一〇年よりJICA入構。国連災害評価調整（UNDAC）メンバーとして二〇一三年フィリピン台風、二〇一五年ネパール地震など多くの災害において緊急人道支援における国際支援調整の専門家として従事。緊急人道支援期における捜索救助、災害医療、物資供与、ロジスティクス、民軍連携などの多くの関連分野に精通。国連の主催する作業部会メンバーおよび研修訓練講師に参画するほか、日本政府の国際緊急援助隊（JDRチーム）の能力向上にも携わる。

第三章　日本から人道支援の現場を支える仕事

赤十字国際委員会（ICRC）
駐日代表部　企画調整官
冨田麻美子

一・緊急人道支援を目指す・関わるきっかけ

幼少時、母親が英語の教師をしていたため、自然な流れで海外との接点を持った仕事をしたいと思うようになった。高校時代は、英語に力を入れるミッション系の学校に通い、奉仕の精神で社会に貢献することの大切さを日々の学校生活を通じて学んだ。特にアフリカで貧しい生活をしている子どもたちの支援をされている方の話を聞く機会があり、その際に日本の状況と異なる人々に手を差し伸べることができればと思ったのが、そもそも国際協力に従事したいと考えたきっかけだったと思う。数多くある「国際協力」を行う組織・団体の中で、赤十字の活動に関心を持ったのは、大学生のときに、国際人権法、人道法を専門とされる恩師との出会い、そして授業の一環で日本赤十字社の職員から赤十字による国際活動について話をうかがう機会があったことによる。紛争下において多くの一般市民が犠牲になっている現実に対して、ジュネーブ諸条約に代表される国際人道法から役割を与えられ、政治的な決定によるものではなく、「中立」の立場での保護・支援活動を行う国際赤十字委員会（International Committee of Red Cross：以下、ＩＣＲＣ）の活動に共感を覚え、人道支援に関わりたいと思うようになった。

実際には、ＩＣＲＣは新卒採用は行っておらず、また当時はＩＣＲＣ駐日代表部も存在せず、日本人職員がいるのかすらわからない、遠い存在だった。また、紛争の最前線で活動するということについては、特にまだ大学を卒業して間もないころは両親の理解を得るのも難しく、当時アフガニスタンにおける邦人拉致事件がメディアでも大きく放送されたタイミングであったこともあり、結果的に民間企業、そして国際協力機構（ＪＩＣＡ）[1]における勤務を経て現在の仕事に就く形となった。

ＪＩＣＡでの仕事は、発展途上国の抱える多様な課題について自ら現地に赴き相手国政府と協議を重ね、課題解決のための案件形成を行うという非常にダイナミックかつやりがいのある仕事で、規模の大きい案件でもある程度の責任も任せてもらえたため、多くの国への出張・勤務を通じて学ぶことが多くあった。一方で、ＯＤＡ事業とは異なり、赤十字は国の発展度合いにかかわらず、一五〇年以上経ったいまも、赤十字七原則に基づいて「最も支援を必要とする人に対して人道支援を行う」組織。特定の国の政策に基づいて支援を行う立場と異なり、あくまでも中立性を持って活動するからこそ、アクセスできる地域・コミュニティがあるというのはＩＣＲＣに就職してから改めて組織の強みと感じるようになった。

二．これまでの経歴

高校を卒業した後、東京外国語大学に進学。国際機関で働くにあたっては、コミュニケーションのツールとして英語以外の言葉も話せるほうがよいと思い、大学ではスペイン語を専攻。また、国際人権法のゼミに所属し、子ども兵士、難民庇護、紛争下における女性に対する暴力等のテーマについて発表・議論を行った。周囲では在学中に留学する友人も多い中で、私自身帰国子女でもなく、海外在留経験もなかったため、国際的な活動をするうえでどこかのタイミングで留学は必須と考えていた。国際法をもう少し深く勉強したい、また、英語力を仕事で使えるレベルに上達させるという目的を達成するため、学部卒業後、ロンドン大学ＳＯＡＳの修士プログラム（LLM in Human Rights）に留学。在籍中、大学での学業以外に、アムネスティ・インターナショナル本部においてインターンシップを行い、主に東アジア地域の人権問題についてのリサーチ、モニタリングを実施。また、大学院の終了直後には、UNICEF Innocenti Research Centre におけるインターンシップの機会を得、子どもの権利条約履行のインパクト調査や子どもに対する暴力に関する調査に係るリサーチ補助を行った。

「民間企業での勤務経験は今後のキャリアを積むうえで重要」という周囲のアドバイスもあり、修士号を取得後、新卒採用の枠で縁のあった日本の金融系の民間企業に就職。留学経験もいかし、外資系企業との折衝や海外営業を行う業務は、面白みもあった。しかしながら、国際協力に関わりたいとい

1　本書巻末の用語一覧を参照。

う思いは強く、三年経ったところで転職のタイミングを見計らっていたころ、ちょうど国際協力銀行（現ＪＩＣＡ）の専門調査員の求人を見つけ、応募・採用に至った。最初の三年間、東南アジア地域の担当国（タイ、マレーシア、東ティモールほか）のＯＤＡ案件の新規案件形成、モニタリングを実施。その後、自ら案件形成に携わった「日本式の高等教育機関をマレーシアに構築する」という円借款事業の専門家としてマレーシアに赴任し、日本・マレーシア政府、日本のコンソーシアム大学、日本企業の多くの関係者と調整を重ね、開校から第一期生が卒業するまでの四年間、事業の円滑な立ち上げ、実施に従事した。

プライベートでは、マレーシアに赴任中、子どもを二人出産。海外出張も海外赴任も自由がきかなくなり、大切な家族と過ごす時間と仕事を天秤にかけ、本当に自分が何をしたいのかと真剣に考えるときに、たまたまウェブサイトでＩＣＲＣ駐日代表部の求人情報を知った。運命的な出会いも感じ「ここに応募をしてダメだったら人道支援の仕事に就くこと、そして仕事をすることも諦めても構わない」という覚悟を決め、応募。当時生まれて間もなかった子どもを横に、採用に至るまでにオンラインコースの習得や複数回の面接、筆記試験、課題等が多く課され、途中で挫折しかけたが、合格。子育てを理由に仕事のクオリティについては妥協したくないという強い思いがある一方で、面接のときには、家庭とのバランスは重視したい点は正直に伝えた。

三．現在の仕事の内容

ＩＣＲＣ駐日代表部は、国際職員二名、現地職員六名という非常に小規模のオフィス。過去の二つの世界大戦のときにも日本にプレゼンスを置き、戦時捕虜の訪問、広島における被ばく者への支援・保護等を実施し、一九四九年に撤退。その後、今度は紛争地の活動を支援する側として六〇年後の二〇〇九年に改めて駐日事務所を開設（二〇一九年一月一日より駐日代表部と改称）。その中でも、私は、「Cooperation（連携）」の担当官として、日本赤十字社、日本の大学機関、民間企業等とのパートナーシップの推進・強化を担当している。赤十字は、九二の各国赤十字・赤新月社から構成される世界最大のボランティアネットワークを持っていることが強みであり、日本では日本赤十字社と共に、国内における国際人道法、紛争下の人道課題、赤十字の活動についての普及、そして、日本赤十字社から紛争地におけるＩＣＲＣの事業に派遣される職員（主に医療スタッフ）を対象とした、派遣要員養成や安全管理に係る研修も協力しながら実施している。

大学とのパートナーシップについても担当。国際人道法の日本での普及については、大学ともパートナーシップを組みながら実施している。残念ながら人道法を教える大学が限られているのが現状ではあるが、その分野での専門家育成を目的とした、国際人道法の模擬裁判大会やロールプレイ大会を開催。学生に武力紛争下におけるさまざまなアクターを演じてもらうことにより、実際に国際人道法がどのように適用されるのかという点を疑似体験をもって理解してもらう取り組みを行っている。ま

2019年国際人道法模擬裁判大会国内予選決勝法廷の様子@早稲田大学

た、大学との協定に基づいて、国内外のICRC代表部におけるインターンシップや、大学における講義も実施。加えて、二〇一八年は早稲田大学とMOUを締結し、従来の人道法という切り口ではなく、技術開発やイノベーションの分野で連携を行う方向で合意。具体的に、上空から熱画像を取得・分析し、武器汚染エリアの特定を試みる共同研究を開始した。また、デジタル革新の一環として現場で顔認証やモバイル送金等の技術が活用される中で、受益者の個人情報をいかに保護するかを議論・検討する会合も早稲田大学、日本企業の協力を得て開催した。技術力を誇る日本の研究機関や企業との連携があってこそできる活動として今後力を入れていきたいと思う分野だ。

ICRCの職員には、ジュネーブで採用さ

コックスバサールの避難民キャンプ内、トルコ赤新月社の支援するコミュニティセンターにおいて、赤十字、赤新月の意味を伝える様子

れ、数年ごとに異なる紛争地で勤務を主に行うモバイルスタッフ（国際職員）と、代表部がある国で採用されるレジデントスタッフ（現地職員）の二種類がある（私の場合は、後者）。いずれの場合も研修制度が充実しており、常に学ぶ機会が用意されている。また、現場を重視する職場だけあり、レジデントスタッフとして勤務する職員には、紛争地などの現場に短期赴任する制度も用意されている。私の場合、現場での連携業務の理解を深めるため、二〇一八年一〇月〜一一月にバングラデシュのコックスバザールにおいて、ミャンマーのラカイン州からの避難民支援のチームに参加。活動内容としては、バングラデシュ赤新月社と連携し、現地の大学生ボランティアと共に避難キャンプにおける離散家族の再会支援、物資の配付、モバイルクリニックによる医療

支援、シェルターの補強等の実施や、赤新月社のコックスバザール支部の能力強化支援、そして、日本、イギリス、フィンランドほか二〇以上の赤十字・赤新月社が避難民支援のためにプレゼンスを置いていたことから、赤十字運動内の連携・調整というのも大きな業務の一つであった。

四．緊急人道支援に関するエピソード

人道支援組織の日本の事務所に共通した課題かもしれないが、ＩＣＲＣの紛争地における活動は日本からは遠い国の話であって、自分事として捉えてもらえないという現実には多く直面する。他方で、アウトリーチすればするだけ多くの人に関心を持ってもらえるというポテンシャルもある。大学生や高校生対象に話す機会があると、小さな子どもが銃を持っている姿、紛争で多くの方が犠牲になっている姿、そして、医療機関が攻撃される現実と地域へのインパクト等を伝えると、「自分に何ができますか」と真剣に尋ねてくる生徒・学生が多くいる。支援してくださいといっても、ＩＣＲＣ駐日代表部は募金活動も行わず、大々的にボランティアも募っていないため、まずは紛争地の現状とＩＣＲＣの取り組みを知ってもらうこと、共感してもらうことの重要性を伝える。本部からの幹部職員や同僚の訪問の機会を捉え、公開イベントの企画もするが、日常的に小規模な組織で対応できる範囲にも限りがあるため、優先順位をつけることは日々欠かせない。また、一組織で対応できないことを、いかに他団体とパートナーを組むことで課題解決に臨むことができるかという点についても、常にジレンマを感じながら取り組んでいる。

たとえば、民間企業との連携だ。企業としてはまだ紛争地への支援については関心は低い一方で、企業活動を通じたＳＤＧｓへの貢献を明確に掲げているところが増えており、「開発と人道のネクサス」が謳われているいま、パートナーシップを構築するという意味では転機だと考える。しかしながら、ＩＣＲＣはあくまでも中立な立場として国連等の政治的イニシアティブからは独立した組織。結果的にＳＤＧｓに寄与する活動も多く行っているが、表向きにＳＤＧｓの達成を目的としているわけではなく、そんな中で互いにウィンウィンであることを意識・確認しながらどう関係を構築していったらいいのか、悩ましく思う。

同じ赤十字運動内であっても、信頼関係や付加価値の共通認識が重要となる。各国赤十字（日本赤十字社など）・赤新月社、それらを束ねて調整するＩＦＲＣ（国際赤十字・赤新月社連盟）、ＩＣＲＣの三つが赤十字運動を構成しており、日本赤十字社とＩＣＲＣも共通した七原則はありながらも、組織体系等はまったく別であり、おのおのの組織の優先課題や事業戦略が存在する。ＩＣＲＣが日本国内で活動するにあたっては、日本赤十字社の持っているネットワークや知見はとても大事であり、いままで以上に連携を深め、協働して赤十字のプレゼンスを高めていくことが期待される。

駐日代表部ができて、一〇年。パートナーとの関係構築には時間も要するし、人道支援を取り巻く環境や技術革新においても日々変化が伴う中で、開設当初よりもその存在意義は大きくなっており、信頼関係を大事にし、地道に、忍耐力を持って取り組んで行くことも重要だと感じる。

五．ワーク＆ライフのバランス

現在、子どもたちは四歳と六歳になる。マレーシアにおいて仕事をしているときは、信頼のできるベビーシッターにフルタイムでサポートをしてもらうことができ、子どもが熱を出したときも、仕事が遅くなるときもバランスは保てていた。また、息抜きとして趣味や運動の時間を取ることも容易であった。日本に帰国してから初めて保育園の待機児童問題や入園手続きの煩雑さ等に直面することになり、結果的に子どもたちは保育園を四～五園経験することになった。幸いどの環境に行ってもすぐに溶け込み、おのおのの園での面白みを子どもたちなりに楽しんでくれているように感じている。いまの職場は、スイスの組織ということで、ワークライフバランスは非常に重視しており、かつそのときどきに置かれた状況に応じてフレキシブルな対応が取れるように、上司も周囲の人々も親身になって相談に乗ってくれる。本部からのハイレベルミッションやイベント等がある場合はどうしても遅くまで仕事をする必要はあるが、普段の業務においては基本的に残業はせずに、いかに与えられた時間内で成果を出すかが求められる。本部と頻繁にスカイプ会議が開催されるが、至急の案件を除いては、ジュネーブの午前中の時間帯でミーティングが設定されるなどの配慮もある。とはいえ、急を要する仕事や時間内に終わらない仕事がある場合は、早朝や子どもが寝てからパソコンを開くことも。また、自分の知識を深めようと論文やレポートに目を通そうと思うと、業務時間だけでは時間が足りない。自ら体調を崩すと完全にまわらなくなるので、日々の体調やストレス管理だけは怠らないようにしている。

タイで開催された新人研修に一緒に参加した仲間と共に

　現在の職場で三年仕事を続け、子育てとの両立で一番大変なのが、出張時の対応。夫の仕事も多忙で、出張も多いため、お互い出張が重ならないようにというところは最低限調整しつつ、遠方から両親、兄弟に応援に来てもらい、ベビーシッターにも助けられながら、乗り切っている。人道支援組織におけるキャリアを考える場合、最新の人道課題や対応等についての情報交換やネットワーク構築のためにも各地で開催される会議には積極的に参加できるほうが望ましい。また、現場での活動経験を積み重ねる必要もあるが、現場に行く場合、ショートミッション（短期の赴任）であっても、最低一カ月から三カ月程度は日本を離れることになり、現行の制度上は最初の二年間は家族帯同不可となっているため、今後のキャリア形成と私生活のバランスについては悩ましく思っている。

ＩＣＲＣにて働き始めて最初の二年は、とにかく家庭と仕事の両立をさせることで精いっぱいであったが、最近では職場のサポートを得て、通訳学校に通ったり、ストレスマネージメントのためにヨガ、華道を通じて集中する時間も作れるようになった。また、多忙な時期こそ常に仕事のことばかり考えて煮詰まってしまいがちだが、家に帰ってからは、子どもたちと過ごす時間を取ってうまく頭の切り替えをするのも重要。幼いなりに子どもたちも、スイスの国旗と赤十字のマークを認識してくれるようになり、仕事を続けていくうえで日々心の支えになっている。

六．自身にとっての緊急人道支援とは

設立から一五〇年以上経ったいまも「中立」を貫く組織だからこそ、支援を必要とするコミュニティにアクセスできる。また、一九二の国・地域にすでに地元のコミュニティに根ざした赤十字・赤新月社が存在するからこそ、人々に真っ先に支援を届けることができる。二〇一九年の八月に横浜で開催された「第七回アフリカ開発会議」においては、ユニバーサルヘルスカバレッジをテーマに、紛争下において、政府主導の開発、あるいは政府の手が行き届かない支援を必要とする人々への支援の重要性についてのサイドイベントを実施、人道支援関係者間で議論をした。ＩＣＲＣの場合、収容所訪問等、他の組織が入ることのできないエリアで活動をすることが多いが、その分守秘義務を伴う情報が多いため、目立たないところで粘り強く交渉を続けるという形態をとる。同じ人道支援組織で掲げる原則は同じでも、手法や組織文化は異なる。どの立場だから優位というのではなく、それぞれの

団体の強みをいかして活動をすることで、必要な支援を届けられるよう、補完し合うことの重要性を感じる。紛争の長期化・多様化、そしてそれに対応する職員のダイバーシティも求められる中、現場のコミュニティの信頼を得て必要な支援を届けるため、ＩＣＲＣの組織内で日本人であるからこそできること、日本だからこそ貢献できることは絶対にあると思う。

人道支援の仕事をする際、現場での経験は非常に重要で、必要不可欠だと考えている。特に、一〇年前に比べて人道ニーズが二倍以上に膨れ上がっている中、新たな資金調達メカニズムの構築も検討されており、支援の効率化のためには新たな技術やイノベーションも必要となる。紛争地の現場でのポジションでなくとも、十分貢献できることは多く、現場の人道支援を支える国（たとえば日本）における活動は引き続き重要な役割を担っていくと感じている。

最後に、自分にとって人道支援に関わる意義として、長女の妊娠・出産を通じて改めて認識した「人間の尊厳」を守ることの大切さをあげたい。実は長女を妊娠中、非常に稀な障がいを持って生まれてくることがわかった。幸い命に関わるものではないが、将来的に視覚障がいを発生するリスクを抱えているとのこと。出産後、日本に帰国した後は、眼鏡をかけている娘の姿を見るだけで行く先々でかわいそうと言われた。その際、かわいそうかどうかを決めるのは自分であって、一人の人間として生まれてきたかけがえのない命を尊重し、個人が尊厳を持って生活できるよう、寄り添っていける社会であるべきだと強く感じた。ＩＣＲＣという組織の考えに共感できるものが多くある、そして家族にも誇りに思ってもらえるような仕事をしたいと思い、いまに至る。

冨田麻美子
（とみた　まみこ）

赤十字国際委員会（ＩＣＲＣ）駐日代表部企画調整官。東京外国語大学（スペイン語専攻）卒業後、ロンドン大学ＳＯＡＳ法学修士（人権法）を取得。民間企業での勤務を経て、ＪＩＣＡ東南アジア・大洋州部においてタイ、マレーシア、東ティモールの有償資金協力（円借款）、技術協力案件の形成、審査、監理を担当。その後、ＪＩＣＡマレーシア専門家として、高等教育機関の開設、立ち上げに従事。二〇一六年八月より現職。日本赤十字社や学術機関とのパートナーシップによるプログラム等を実施。

第四章

現場に発し、何でも手がける

日本赤十字社
国際部 参事

斎藤之弥

一．緊急人道支援を目指す・関わるきっかけ

カンボジアで難民帰還、農村開発に携わっていたとき（一九九二～一九九七年）、国連食糧計画（WFP）の知人から、政権と敵対する武装勢力ポルポト派の支配地域に暮らす人たちにも救援物資を輸送し配布していると耳にした。そんなことがどうすればできるのかと聞くと、カンボジア赤十字社に委託しているという。それまで赤十字については、献血するところ、病院もあるというくらいしか知らなかったので、赤十字が中立な立場で反政府武装勢力の支配下にいる人たちにも救援物資を届けていることにとても驚いた。その後、日本国内で赤十字が国際要員の研修を行うことを知って参加した。それまで大規模災害で緊急援助を行ったことはあったが、人道援助に関する赤十字の研修は現場発の

知見に溢れていて、とても刺激的だった。

しばらくすると、いきなり日本赤十字社から「災害対策に従事しないか」と電話がかかってきた。派遣先はどちらかと聞くと、バングラデシュ、バングラデシュ、バングラデシュと三回、電話口でささやかれた。正職員の身分を投げうって嘱託職員での派遣だ。大海原を小さな舟で漕いでいく感覚に包まれた。三人目の子どもが生まれる直前だったが、どうしてもやりたいことならばと、妻は現場に送り出してくれた。いまの世相だったら離婚ものであろう。世の中は変わるのである。

赤十字ではサイクロンとその高潮に備える災害対策を沿岸部で支援したが、その仕事は地べたに近い。島々を船で行き来し地元の人たちと活動を共にする。赤十字では、言葉や宗教、国籍は異なっても原則が同じなので職員もボランティアも、みな同僚であった。まして、地元に漬かってみれば、なんて違うんだろうと思っていたバングラデシュの人たちに我々と共通することのほうがはるかに多いと気づかされた。国際協力機構（ＪＩＣＡ）[1]でも学校校舎兼サイクロンの避難所に関わったが、赤十字では避難訓練や防災教育を含めて地域に展開していった。避難所を学校のように普段から通えるようにしておけば、子どもたちでも避難経路をつぶさに足の裏で覚えていく。在任中は大洪水や島嶼部での高潮被害、隣国インドの大地震などが発生し、急いで現場に赴いた。災害対応となると赤十字は対応が迅速かつ柔軟になる。被災地のアセスメント、救援物資の輸送や配布で現場を走りまわることが多くなった。

二〇〇一年九月、宿舎に帰ってＢＢＣをつけると、ニューヨークの貿易センターに航空機が突入していた。アフガニスタンの緊張が高まっていく。数日後、国際赤十字のジュネーブ本部からバングラデシュ代表部にメッセージが届いた。「どのような世界になろうとも、たとえ国は敵味方に分かれたとしても、あくまで人道の原則に基づいて赤十字のスタッフは行動するように……」ボスニア出身の女性の同僚が涙を流しながら声にしてその文書を読んだ。国際赤十字によるアフガニスタンの人道支援はタリバン時代から続いていたが、大きく局面が変わるので、救援活動を行うのであれば最も紛争の影響を受ける人たちの地域がよいと支援のあり方を自分なりに考えて日本赤十字社の本社に提案してみた。

一時帰国したとき、アフガニスタンへの支援について気心の知れたＪＩＣＡの人たちと会って話をした。しばらくするとアフガニスタンの復興支援に従事しないかと誘いがあった。バングラデシュでの赤十字の仕事を終えて帰国した後、アフガニスタンの復興支援に向けてＪＩＣＡ本部で毎晩遅くまで準備することになった。企画調査員としてカブールに派遣された後、仕事は事務所の立ち上げから始まった。当初は私と通訳だけだ。まず安全対策のために事務所兼宿舎の塀のかさ上げ、生活用水を確保するための井戸掘り、木工屋に行って事務机や本棚を図面で説明することから仕事を始めた。

カブールから北にシャカルダラという谷がある。週末になると「軍閥」と呼ばれていた谷の長老たちを訪れた。遊牧民から譲り受けた仔ロバをトラックに載せて谷の入り口まで行き、奥に続く道を歩く。国際治安支援部隊の兵士たちが機関銃を谷に向けて装甲車の上から双眼鏡でこちらを見ているの

1　本書巻末の用語一覧を参照。

アフガニスタンの小学校。いっしょに読もう

が背中でわかった。仔ロバを連れた私は丸腰である。長老たちは、遠来の客はアッラーの御使いとして、いつも丁重にもてなしてくれた。

復興支援が進むにつれて専門性を持つスタッフが増えていき、教育分野を担当することになった。復興の先々に必要とされるのは人。長い紛争が続いた国は、その年月の分だけ人々の教育にギャップが生じている。それを埋めるような手厚い協力が必要である。休日になるとJICAの専門家たちを谷の長老たちのところへ案内することもあった。地元の生活をよく知ったうえで協力をはかってほしいからである。

アフガニスタンから一時帰国したとき、いきなり隣の部の課長に呼び出されると「タジキスタンはウズベキスタンから陸路国境を越え、飛行機でパミール高原を飛び越えた先にある」と言われた。そうしてアフガニスタンの北に位置するウズベキスタンに広域企画調査員として駐在し、そこからタジキスタンの開発協力を担うことになった。数カ月後、隣国から通うのではとても仕事がまわらないので、治安情勢は少し不安定だったが、タジキスタンの駐在にさせてもらった。もともとアフガニスタンと言葉や宗教は同じでも、旧ソ連だったタジキスタンは国境の大河一つを隔てて、政治や経済、人々の生活などに大きな違いがある。山岳地と平野でも人々の生計や暮らしは違ったが、どちらの国もそれぞれ紛争が終結して復興の途上にあった。しかし、遠来の客はアッラーの御使いであることには変わりなく、タジキスタンでも地元の人たちが温かく受け入れてくれた。

二. これまでの経歴

大学で経済史を学んでいたころ、暇を見つけてはアジア諸国を旅して歩いた。当時バングラデシュは日本とよろず違うと驚いて、いつかこんな刺激的なところで地元の人たちと働いてみたいと思った。インドで資料を見つけて卒論を書いたが、そのとき使ったのが、世の中に出まわりはじめたパソコンだった。こんな便利なものがあるのかと驚いて、そのままそのメーカーに就職した。丸の内の本社で販売企画などを担当したが、月の残業一〇〇時間は普通だった。髪が伸びて総務部長に叱られたが、床屋さんに行く暇はないと答えた。いまでいうブラックで過労死ラインをはるかに超えていたが、若さにかまけて思いきり働くことができた。高度経済成長期の最後のころで「二四時間働けますか？」というＣＭさえ流れていた時代だ。ほどなく社長から功労賞をいただいた。やりがいや達成感があったからできたことだが、いまの世相だったら訴訟ものだろう。世の中は変わるのである。

表彰状を卒業証書と勘違いした挙句、一九八七年に財団法人国際協力サービスセンター（現在のJICE、一般財団法人日本国際協力センター）を通じて国際協力事業団（現在のJICA）の派遣員に応募した。当時は財団からJICA事務所に出向する派遣員という制度があった。派遣希望国は第一希望から第三希望まで、バングラデシュ、バングラデシュ、バングラデシュ。政府開発援助もNGOも、いまのように知られていなかったし、どのような仕事なのか、まったく未知の世界だった。それでも南アジアは刺激的で魅力にあふれていた。

当時、JICAバングラデシュ事務所は小さな所帯だったので、若いながらも幅広く仕事を任された。総務や経理、スタッフの労務管理、日本から派遣されてくるさまざまな調査団への同行案内、資機材の輸入手続き、赴任してくる職員や専門家の住宅物件探し、要人の来訪対応、大規模災害の緊急援助など、何でもやった。同世代である青年海外協力隊員も八〇人ほど派遣されていて任地を訪問しては楽しんだものだ。いまでは小さな事務所に派遣されてよかったと思う。そういえば、JICAの国際緊急援助隊事務局が初めてオペレーションを行ったのが一九八八年のバングラデシュ大洪水のときだった。当初、洪水で泳いできて家の中に入り込むからヘビの血清が必要だと言われたが、コブラの血清など供与するほどのストックは日本にない。結局、シンガポールにあった倉庫から大きなゴムボートや浄水器、乾パンなどの救援物資を空港で受け取って、保健省の中央倉庫に納めることになった。

帰国した後、派遣元の財団にそのまま就職した。そこではＪＩＣＡから委託されて評価調査や開発計画などの現地調査に従事することになる。一九九一年の秋、バングラデシュの初等教育分野で開発調査を準備しているとき、大きなサイクロンが襲来した。被災した現地を歩きまわり、学校校舎を避難所に使う可能性も含めて調査した。

また、経済成長の著しい中進国との協力のあり方をＪＩＣＡの国際協力総合研修所（現在のＪＩＣＡ研究所）とマレーシアに出向いて調査することがあった。国家開発計画を調べ、環境問題や経済格差の是正などを課題として案件も形成した。協力のあり方について調査研究を進めていたとき「南南協力」、つまり技術的に手の届きやすいところにある中進国が後発開発途上国を支援する有効性も取り扱うことができた。

一九九二年、長かった内戦から和平が近づきカンボジアの復興が開始されるときだった。いきなり上司に呼び出されると「コンポンスプーはプノンペンから西に四〇キロ」と言われた。難民が四〇万人タイ国境から帰還してくる。そうして難民の再定住をはかるため、日本政府が拠出する国連機関の事業に派遣された。日本やアセアン各国から派遣されてきた農業、保健、教育、職業訓練の専門家たちが地元の人たちの参加を促し課題に取り組んだ。帰還した人たちやそれを受け入れる地元の人たちが本来の生活を営むようになるまで、そのギャップを埋めるには長い年月が必要となる。帰還から再定住、農村開発とフェーズに合わせて担当する国連機関も移り変わった（ＵＮＨＣＲ→ＵＮＤＰ→ＵＮＯＰＳ）。気がつくとカンボジアでは足かけ六年、「南南協力」を支援すること、人道支援に触れることになった。

三．現在の仕事の内容

タジキスタンに駐在して数年が過ぎたころ、いきなり日本赤十字社から電話がかかってくると「赤十字に戻って仕事をしないか」と言われた。二〇〇七年から本社国際部を起点に人道支援、特に大規模災害時の緊急救援では、現地を支援して総合的な調整を行う。災害により失われた安全な水へのアクセスや食料、衣類やシェルターなど、基本的な物資でギャップを埋め、それに続く復興支援、よりよい再建を追求することとなる。当初は特別嘱託であった。

赤十字はどこまでも現場志向で物事が動いている。二〇〇八年にバングラデシュをサイクロンが襲来した。いきなり同僚から電話がかかってくると「先遣でアセスメント、二週間くらいの派遣になる」と言われた。しかし、現場で地元や国際赤十字のスタッフたちとアセスメントに続き救援活動に従事しているうち、気がつくと四カ月も経っていた。

その後、国際部では自然災害や保健分野で地元のレジリエンスを高めるために平時から協力する事業を総括した。ＪＩＣＡとはマンデートこそ異なるが、国際赤十字との協力協定の締結や人事交流など、横のつながりも大切にした。二〇一一年の東日本大震災の救援活動を経て、海外からの受援の研究もＪＩＣＡや国連機関などの関係者と重ねた。日本は先進国だから海外からの援助はいらない？いや、大規模災害のときには世界中から日本に連帯する支援がとても多く寄せられている。被災した人

南スーダンにて同僚と筆者（右）

たちには必要な支援を差し伸べなければならない。同じ目線、お互い様なのである。ちなみに赤十字は「開発途上国」という言葉を使わない。そして国の内外を問わず助け合い、人道危機に備えなければならない。

まずは人。紛争や大規模災害に見舞われた国々では、人々の命も暮らしも本来あるべき姿との間にギャップが生じてしまう。それを埋めなくてはならない。いまは国際部で人道支援を担う人たちの育成や派遣、安全管理に従事している。現地に出るスタッフたちも地元の潜在力を喚起するように促している。

若いころにはとても想定していないことばかりである。あらかじめ決まった道などなく、何でも手がけながら課題に対応していく中で仕事がつながり、織りなしてきたと思う。どちらかというと目の前の課題ばかりで受け身だったたかもしれない。時代の趨勢や世界情勢、人々のニーズのほうが、自分一人の考えなどよりもずっと早く変わり、多様かつ広大であるからだ。若いころ、朧げに思い描いていたとおりではなかったが、それで構わないのではないかと思う。ただ、若い人たちにはどんなことにでも対応できるよう、国際社会の中で丁々発止と渡り合えるよう、現場での活動と共に勉学を奨励している。

四．緊急人道支援に関するエピソード

エピソードとして、上司からまるで海賊のようだねと言われた思い出を一つだけ述べさせていただこう。

ある日、国際赤十字のバングラデシュ代表部で上司にいきなり呼び出されると「サンディップ島はチッタゴンから北西に位置し、救援には

バングラデシュ救援物資の配布

船で向かうしかない」と言われた。ただちに身支度して若い同僚たちと車両に乗り込んだ。チッタゴンでコメなどを調達して船を手配し、乙仲に交渉して人海戦術で積み込みが行われた。

大きな月明かりにベンガル湾が照らされている。波はとても静かで遠くまで平らかだった。バングラデシュ南部の町、チッタゴンで救援物資のコメを積んだ四艘の輸送船がディーゼル・エンジンの音をタンタンとけたたましく鳴らしながら、高潮で被災した島に舳先を向けて進んでいく。

サンディップ島ではチッタゴンから乗り込んできた学生ボランティアたちが、被災した村々を歩き回ってアセスメントし、夜になると蝋燭の明かりで配給カードを作成した。こちらはコメなどを荷下ろしさせて、地元の責任者と配布の計画、救援物資の一時保管場所や配布日時を選定した。あれから二〇年も経つが、いまは世界各地で活躍している当時の同僚たちと月夜のベンガル湾を渡ったことを思い出す。

五．ワーク&ライフのバランス

家族の健康や教育の機会を考える必要があるが、人道支援を行う現場に家族を帯同できるFamily Postは少ない。たとえそうであっても、家族を伴うための生活環境、医療や教育が十分期待できる水準のところは少ないのではないだろうか。

あるとき、「きょうは、なんにんたすけましたか？」と幼い娘が聞いてきた。父親が不在で寂しいけれど仕方がないと自分なりに意義づけしていたのだろう。「今日、パパはバナナを四本買いました。

四本っていうのはね、大きなバナナの木を四本。小さな舟に積み込んで、洪水で困っている人たちの家をまわって、お話を聞きました」と娘へ読み聞かせてくれるよう妻に頼んだ。不在の多い私のことをありがたいことに妻はいつも子どもたちに話してくれていた。

子どもたちが学齢期になれば、ましてや家族の帯同は難しくなる。子どもたちに手がかからなくなると、今度は親たちが年老いてくる。どこに自分の拠点を置くのか、人生のフェーズごとに考えて対処しなくてはならないだろう。そして何より必要なことは家族の理解と協力である。

六．自身にとっての緊急人道支援とは

いろいろな機関、場所で働いてきた。開発協力では、先方政府や我が方政府と、立場や責任を定めて協力する政府開発援助の機関。国の政策、スタッフとしてときには国旗を背負ってせめぎあいながらも、人道のために協力し調整していく国連機関。どれもそれなりにやりがいがあった。そして、赤十字。災害などの現場にいきなり飛び込んで、地元の同僚たちや各国からかけつけた同僚たちと一緒に活動する、いちばん現場に近い機関であると感じる。災害や紛争の土壇場で人々を救う人道援助であるからこそ、赤十字は「人道の諸原則」[2]を同じくしているのだとつくづく思う。大抵の赤十字の同僚たちは親和力がある。

よって、現場で難儀したときなどには、原則に立ち返ろうと思うようになった。大抵の場合、「問題ない」や「神の御心のままに」と言われて逆に物事が進みにくい状況を察知する、あるいは反省す

るものだ。人道、公平、中立、独立……一つ、一つ七つある「人道の諸原則」に照らし合わせて考えてみる。人道援助は現場で捻り出された知恵に拠っている。赤十字[3]は現場で生まれているのだ。「……戦場において差別なく負傷者に救護を与えたいという願いから生まれ、あらゆる状況下において人間の苦痛を予防し軽減することに、国際的および国内的に努力する。その目的は生命と健康を守り、人間の尊重を確保することにある」

キャリア・パスについてもそれに固執せず、未知の現場を目指してほしい。計画的なキャリアを考えられる人はそれなりに聡明だと思う。ただ、安定志向であったりしないだろうか。現場で生じる課題に端を発することができるだろうか。人道支援を担う人たちに求められること、それは、コンピテンシー（問題解決能力）の源に被災した人々へのエンパシー（共感力）を持って現場で予測不能な課題に果敢に挑戦していくことである。

2　人道の諸原則：人道、公平、中立、独立、奉仕、単一、世界性。参照：ジャン・ピクテ著「赤十字の諸原則」日本赤十字社刊

3　赤十字には、一九三カ国にある赤十字と赤新月社（日本赤十字社もその一つ）、そして災害救援や平時のレジリエンス向上を目指し各国赤十字、赤新月社を調整する国際赤十字・赤新月社連盟（ＩＦＲＣ）と、紛争での救援を行い国際人道法の砦となる赤十字国際委員会（ＩＣＲＣ）がある。

斎藤之弥
（さいとう　ゆきや）

日本赤十字社国際部 参事

早稲田大学政治経済学部卒業後、民間企業を経て一九八七年より国際援助に。国際協力事業団派遣員、財団法人国際協力サービスセンター職員、日赤国際要員、国際協力機構企画調査員、国際赤十字デレゲートとして経済政策、難民帰還、農村開発、教育支援、災害対策、緊急救援、安全管理などに携わる。国連難民高等弁務官事務所ほかの事業にも従事。バングラデシュ、マレーシア、カンボジア、アフガニスタン、中央アジアに在勤。日赤では開発協力課長としてアジアとアフリカで防災や保健分野の事業を総括した後、海外要員の育成と派遣、安全管理に従事。

第五章　世界平和のすゝめ（多様な関わり方）

AAR Japan（難民を助ける会）
プログラム・コーディネーター
五十嵐　豪

一・緊急人道支援を目指す・関わるきっかけ

「そうだ世界平和しよう」と思いついたのが最初の一歩だった。高校三年生の夏、まわりが大学受験勉強の追い込みにかかっている時期に、私は自分が目指す将来像について、何も見えていなかった。自分が何をしたいのか、その先の方向性がよくわからないまま、次の一歩が踏み出せないでいた。

そんな私の背中を押したのは、幼いころに見たテレビの映像だった。私は安全で快適な自宅の部屋の中で、テレビ画面の向こう側に、飢餓でただ死を待っているエチオピアの子どもの姿を見た。そのときは、その子を助けたいとか、自分に何かできるかなど、特に考えることはなかった。しかし、そのころから画面を挟んだ「向こうの世界」と「こちらの世界」がなぜこんなにも違うのか、疑問に思うようになっていた。同じ人間、同じ子どもなのに、この世界の仕組みはどうなっているのかということに関心が生まれた。いま思えば、国際的な事象に興味を持ち出したのはそのころからだった。

高校三年生になっても自分自身の将来像は見えないままであったが、未来の社会に対する希望はあった。それは、多くの笑顔で溢れ、理不尽に人々が傷つかない世界だった。だから、私がしたいことは、まったく具体的ではなかったが、「世界を平和にする」ことだと気がついた。そんなフワッとした決意が、私が具体的に人道支援の道に踏み出す一歩目であった。

二．これまでの経歴

「世界平和」という壮大すぎる目標を掲げた私はまず、世界の仕組みを学びたいと思い、国際政治学・関係学をイギリスの大学（学部）で学ぶことにした。イギリスの大学に決めたの最大の理由は、入学は比較的容易でも、卒業するのは非常に難しく、成果を問われるという大学の制度が自分に合っていると考えたからだ。そのころ、世界では冷戦が終結して数年経っていたが、アフリカや中東、バルカン半島などでは、内戦や紛争で多くの人が傷つき、故郷を逃れ、あるいは命を落としていた。

大学在学中はさまざまな事象や思想、学問的知識を学んだ。また、さまざまな国から集まった同じ大学の友人たちとの交流を通じて、世界の多様性も実感することができた。

しかし、そんな自信に溢れ充実した学生生活の価値観はあるとき、一気に打ち砕かれた。それは、長期休暇を利用して日本に一時帰国し、古い友人に会った際に言われた言葉だった。その友人は高校を中退し、いち早く社会人となり、自立した生活を送っていた。一方で、大学で新しい知識を多く学び舞い上がっていた私は、彼に対し「自由」「民主主義」「人権」など学んだばかりの知識を熱く語り、最後に「みんなわかっていない、だから世界は平和にならない」と結論づけた。

友人から返ってきた言葉は、私の言葉は「まったく心に響かない」ということだった。「頭のよい人たち」が集まって、難しい言葉を使って、平和を語り合っても、世界は変わらない。なぜなら世界の大多数の人は、毎日を精一杯に生きている「わかっていない人」だから。その人たちを巻き込むことができないのに、世界平和なんて実現するわけがない。本当にわかっていないのは私であった。社会経験もないのに、理想論だけで社会を批判するだけでは、世界を変えることなんかできない、と指摘された。私は返す言葉がなかった。

大学を卒業後、まずはまったく別の業界に入ろうと思った。運よくロンドンで、数十名のスタッフを扱う飲食業のマネジメントの仕事を得ることができた。内部規程や会計も含めた組織体制の確立、人材育成も含めた人事管理、営業も含めた外部との折衝など、本当に多くのことを経験し、学ぶことができた。そのときに学んだことの中で最も印象に残ったことは、自己の存在を不必要にすることがマネジメントの究極的な目標であるということだ。飲食業では調理、接客、事務など、スタッフはそれぞれ専門性が高い仕事をこなしているが、マネジメントはそれらのどの分野においても、必ずしも専門性が高い必要はない。それぞれの専門性が高い人たちが、その能力を最大限に発揮し、チームとしての最大の成果が生み出せるような仕組みを作ることがマネジメントであるという考えだった。仕組みができれば、マネジメントの仕事はなくなる。仕事をなくすために仕事をする。この考えは、人道支援にも通ずるところがある。国際交流や外交手段としての国際協力は、「支援すること」自体が目的になる場合がある。しかし、困難な状況にある人の負担を軽減することを目的とする人道支援の考えにおいては、危機に対する現地の対応能力が不足しているときにのみ、外部からの支援が本質的に必要とされるのであり、現地の対応能力を高めることも支援の重要な一部となる。つまり、人道支援が必要とされない状態を構築することこそが、人道支援の究極的目標だと言える。人道支援を現場の事象だけでなく、事業、組織、財務などの体系的かつ俯瞰的に考えられるようになったのは、このときのマネジメント業務の経験が大きく影響している。

その後、国連難民高等弁務官事務所（ＵＮＨＣＲ）ガーナ事務所でのインターンや国際協力機構（ＪＩＣＡ）の青年海外協力隊の国内研修などを担当する教育系コンサルティング会社での勤務を経て、二〇〇九年に現在所属するＮＧＯに入職した。

三．現在の仕事の内容

現在は、Association for Aid and Relief, Japan（日本語名称は「難民を助ける会」：以下、ＡＡＲ Ｊａｐａｎ）という日系の国際協力ＮＧＯ[1]に所属している。入職後すぐから、緊急人道支援の現場担当になることが多かった。これまでの主な支援現場としてハイチの大地震、フィリピンの台風ハイエンなどの自然災害や、シリア難民支援などの紛争による人道危機、アフリカの角の干ばつのような複合的危機[2]などがある。また日本国内でも、東日本大震災や熊本地震の被災者支援などに関わった。

現場における実際の仕事は、本当に多岐にわたる。初動チーム（災害発生時に迅速に現地に派遣されるチーム）として派遣される人数は、災害規模や状況にもよるが、二名〜四名程度である。最も重要な初動チームの仕事は現状調査（アセスメント）である。現地の支援ニーズを確認する調査においては、誰にヒアリングをするかということが大切である。被災者や難民といった当事者から話を聞くのは当然であるが、地域の全人口を相手にヒアリングを行うのは現実的ではない。現地行政やすでにその地域で活動している他の機関や団体からベースライン（支援が始まる前の支援対象者・地域の状況）などの基礎情報や統計データ、現場に関する大まかな情報を聞き取る。しかし、大まかな情報では捉えきれない女性、子ども、障がい者などのいわゆる「社会的脆弱層」のニーズには特に気をつけなければならない。難民や被災者を受け入れるホストコミュニティにも考慮し、その地域のパワーバランス（集団間の関係性）にも配慮しなければならない。さらに、現地の市場の回復度や行政サービスの再開の度合いも支援規模を決めるうえで重要な情報になる。こうした情報を収集したうえで、支援団体間の調整を経て、自団体の支援内容を特定していく。一方で、そうした現地の細かいニーズや状況に配慮した支援を実施するためには、平時から地域に根ざして活動している現地の協力団体が必須となる。たとえば、私がフィリピンやスリランカで支援を実施した際は、障がい者やマイノリティの支援を平時

1　本書巻末の用語一覧を参照。
2　自然災害と紛争、または経済的危機など、複数の事象が起因となり発生する人道危機。

から取り組む団体と協力することにより、より詳細な情報を効率的に入手することが可能になった。

宿泊先や事務所、移動手段、通信機器や事務用品の調達など、活動するうえでの基本的な組織インフラとロジスティック体制を揃える必要がある場合もある。また、現地スタッフの採用に際しては、募集、面接、選考だけでなく、オリエンテーション、雇用契約書の作成などの事務作業も発生する。資金を安全に管理し、活動資金の送金を受けるため銀行口座の開設も必要である。安全管理とは、資金や支援物資、職員だけでなく、難民や被災者の安全もそれ以上に重要である。国によってはNGOとしての団体登録や活動許可を取る必要がある。

また、資金管理の面では、日々の会計帳簿を作成し、資金の適正な管理をするとともに透明性も担保しなければならない。透明性の点では、調達における業者選定は不正や不当な取引がないように十分気をつけなければならない。さらに、ファンドレイジングの側面では、助成金を申請する場合は、所定の申請書フォーマットに合わせた情報を収集しなければならない。加えて、一般のご寄付を募るために、できるだけわかりやすくタイムリーな広報ができるような報告を心がける。

支援内容や状況にもよるが、初動チームは以上のような活動を数人で分担しながらすべて行い、派遣後数日から数週間以内に最初の具体的支援を実施する。しかし、支援を実施したらそれで任務が終わるわけではない。支援の実施と並行しながら、支援の偏りやニーズの変化をモニタリングしつつ、次のフェーズやその先の復興支援も見据えながら、より中長期的な支援の青写真を作っていく必要がある。

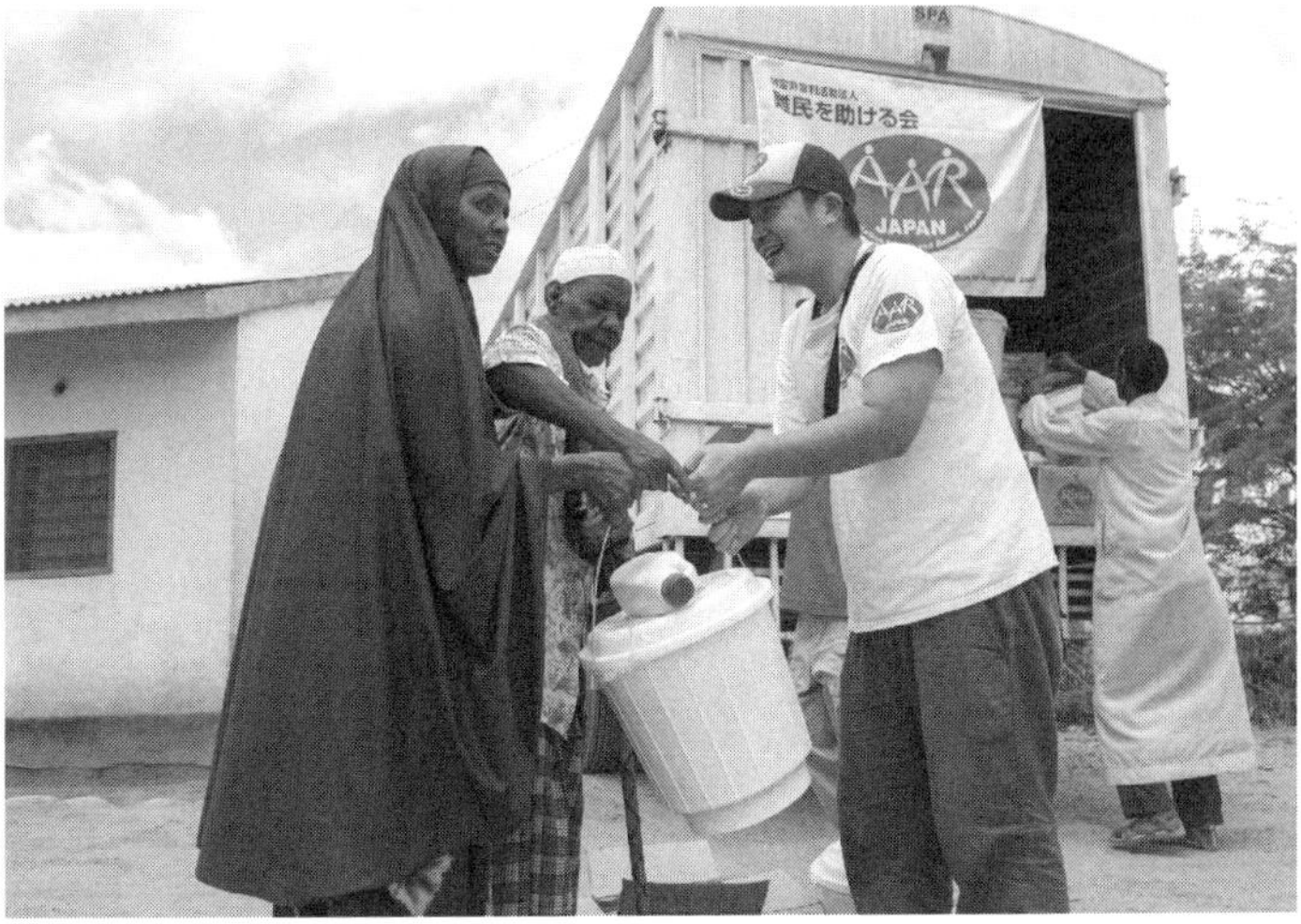

2011年のアフリカの角の干ばつ。ケニア北西部で影響を受けた遊牧のソマリ族へ食料や生活必需品を配布した

以上が、緊急人道支援で初動チームとして現場に入った際の主な業務内容だが、第二、第三フェーズで入る場合は、さらに慎重で配慮の行き届いたアセスメントのうえに、状況の変化を捉えながら、「誰も取り残すことのない」[3]支援の実施と復興に向けた継続性の担保が求められる場合が多い。

現場にいないときも、寄付者向けの報告会の実施や、会計監査も含めた助成金の報告書作成など、日本で行わなければならない事務作業は多い。緊急支援の事案そのものがない時期は、私の場合は、南スーダンやアフガニスタン、カンボジアなど他の地域における復興支援や開発支援のサポート業務を行なった。そのほか、啓発のための講演や、他のＮＧＯや大学と連携し、人道支援者またはそれを目

3　本書巻末の用語一覧を参照。

指す人たち向けの研修の講師を務めている。また、こうした平時における活動を通じ、他の団体や個人とのネットワークを広げておくことで、いざ緊急支援の現場に出動したときに、地域の状況をよくわかっている現地団体や、平時から障がい者や子どもの支援をしている専門性の高い団体や個人などとつながりやすくなり、調査や支援の協働、助言、照会などを含むスムーズな連携をとることができるようになる。

四．緊急人道支援に関わるエピソード

私にとって初めての「現場」だったガーナの難民キャンプ[4]での経験は、いまでも私の活動の根幹となっている。当時の私はＵＮＨＣＲのインターンではあったが、フィールド事務所に所属して、難民キャンプの運営管理の手伝いをしていた。

ガーナの難民キャンプにてインターン経験

ある日、リベリアから弟と二人で逃れてきた少女と会話を交わした。紛争という過酷な状況から命からがら逃れてきた少女が口に出す言葉は、すべてネガティブなことばかりで将来に対する夢や希望を語ることは決してなかった。私は、そんな少女がかわいそうだと思い励まそうとした。難民キャンプにいるのだから安心してよいこと、まだ若いから沢山の可能性を秘めているのだから、そんなに落ち込まないでほしい、と言った。少女から返ってきた言葉は、非常に厳しいものであった。戦争の現場で銃を突きつけられた経験もない、両親を目の前で惨殺された経験もない、難民キャンプでの「活動」が辛いと思えば帰る場所がある、そんな私に少女の気持ちがわかるわけがない。少女にとっては、この難民キャンプが「終着点」だから、理解しているようなことを言わないでほしい、と。

いま振り返っても当時の私の対応は猛省するしかないが、私は彼女の言葉にかなりの衝撃を受け、落ち込んだ。そのときの私は、どうしたら少女の気持ちがわかってあげられるのか悩んだ。銃弾が飛び交う戦場に行って、同じ経験をしなければ少女を理解することはできないのだろうかなどと、グルグルと答えのない自問自答を繰り返した。その日の夕方、そんな落ち込んでいる私を見かねた年配のガーナ人のキャンプマネージャー[5]が声をかけてくれた。彼はガーナ独立後の内乱を生き抜いてきた経験もある。彼は私が少女と交わした会話の内容を静かに聞き、私に言った。戦争を知らないということ

4　ガーナ西部州のクリサンキャンプ。二〇〇六年当時は約一〇カ国からの難民が保護されており、リベリア、トーゴ、スーダンからの難民が特に多かった。

5　ガーナ政府の難民担当機関(Ghana Refugee Board)から派遣された難民キャンプの管理責任者。当時は退役軍人がその任を務めていた。

とはよいことである。平和の素晴らしさを知っているということだ、と。だから私の役割は、私が知っているはずの平和の素晴らしさを伝えることである。そうすれば、難民キャンプが終着点ではないとわかるだろう。

人道支援において、支援をする相手を理解し、同じ立場に立って考えようと努力することは大切だと思う。しかし、現実的には非常に難しい。私が支援者であるなら、その支援の受け手とは立場が異なる。支援者としての義務と責任があるのだと痛烈に感じた。幼いころにテレビ画面の向こうに見たエチオピアの子どもと私は、同じ人間である。しかし、私が支援者になったとき、同じ立場ではなくなる。異なる立場であるからこそ、同情にとどまらずに、支援を受け取る人々の命と生活を支える実質的な支援ができるのだと思った。

五．ワーク＆ライフのバランス

ここ数年、私は支援の現場を離れている。いくつか理由があるが、最も大きな理由が、娘ができたことである。緊急人道支援の現場を駆け回っていたときも、待っている家族がいるからこそ、心身共に健康な状態で帰国しなければならないと、バーンアウトしがちな支援の現場において、自制し心身のバランスを保つように努めることができた。

娘が生まれる前に友人に言われた言葉がある。仕事上でどんなに重要で責任ある役割を果たしているとしても、必ずどこかに代わりにその役を担える人がいるし、後からフォローすることもできる。

しかし、子どもにとって父親の代わりはいないし、子どもの成長もそのときを逃したら、それまでである。その言葉に押され、私は娘が一歳になるまで育児休暇を取得した。

育児休暇中も、育児の合間を縫って緊急人道支援に関する講演や研修講師を務め、有志の勉強会などに参加してネットワークを広げている。仕事も育児もどちらも片手間でできるようなものではないと、つくづく思い知らされている。家族を思い、育児に真剣に関わっているからこそ、仕事に対する思いにも変化が生まれた。自分が行う個々の仕事に対し、それが本当に価値のあるものなのかを問い直すようになった。仕事に対して手間と時間をかけることを惜しむつもりはない。しかしいま、目の前にある仕事は、手間と時間をかければ「平和な世界」に近づくことができるのであろうか。もしかしたら、その仕事は組織のため、または自己満足のためにやっているだけの仕事ではないか。その仕事はプライベートを犠牲にしてまで行う価値があるのか、ということを厳しく問い続けている。

六．自身にとっての緊急人道支援とは

さまざまな形の国際協力の中でも、緊急人道支援は特に目立つ類のものである。しかし、緊

育児も仕事も両方楽しみたい

急人道支援に関わるということは、決して、現場で直接的に支援を実施することだけではない。そこに至るまでの準備や調整も必要であるし、ロジや会計といった地味な事務作業も多い。それらをサポートするバックオフィスの役割は必須であるし、活動を継続するための資金を集めるファンドレイジングや広報も必要だ。平時においても、人や組織を育てる努力を怠ってはいけない。状況と条件と能力によって、緊急人道支援への支援者としての関わり方は多様だ。そして、それらすべての役割が重要である。

共通することは、難民や被災者など支援の受け手が常に中心にいなければならないということである。人道危機における彼らの負担を軽減することが支援の本来の目的である。だからこそ、支援者は自分が何をしたいかではなく、その支援の目的を達成するために、いまの自分に何ができるかを考えることが重要であり、手段と目的を取り違えてはいけない。

私にとって緊急人道支援とは、世界平和を達成するための手段の一つでしかない。だからこそ、私はその舞台の真ん中にいる必要はないと思う。主役は支援の受け手であり、私は支援者として主役を支える名脇役でありたいと思う。

五十嵐　豪
（いがらし　ごう）

東京都出身。英国の大学を卒業後、民間企業での勤務を経て、二〇〇九年よりＡＡＲ Ｊａｐａｎ（難民を助ける会）の東京事務局に所属。緊急支援担当として東日本大震災、熊本地震、フィリピン台風、ハイチ大地震など国内外の多くの災害支援や、アフガニスタンやシリア難民支援などに現場で関わってきた。現在は、スフィアをはじめとした人道支援の国際基準のトレーナーとして活躍。そのほか、障がい者支援にも関わり、複数の障がい関連団体ネットワークの部会メンバーにもなっている。また、日本ファンドレイジング協会グローバルチャプターの代表。

第六章

教育開発の現場から子どもを守る緊急人道支援へ

公益社団法人
セーブ・ザ・チルドレン・ジャパン
塩畑真里子

一．緊急人道支援を目指す・関わるきっかけ

私は中学・高校時代、読書に没頭し、さまざまな歴史小説や文学作品に読みふけったが、中でも「チボー家の人々」や「西部戦線異状なし」など第一次世界大戦を舞台にした作品に強い衝撃と感銘を受けていた。戦争によって人間の人生そのものが左右されてしまうこと、人間同士が戦い合う不条理に対して何とかしたいと感じたし、「チボー家の人々」の主人公であるジャックの反戦活動に強く共感を覚えたものである。そのころ、自分が将来海外で緊急人道支援に従事するといった具体的なことは考えていなかったものの、このような十代の読書経験が南北格差や開発・貧困の問題、人権の問題への関心を呼び覚ましたことはあると思う。

大学を卒業した後、これまで二五年間、一貫して国際開発に関わる仕事や研究をしてきたが、現在は、それに加えて緊急人道支援も私の日々の仕事の中で大きな位置を占めるようになった。これは、私が国際協力NGO[1]であるセーブ・ザ・チルドレン・ジャパン（Save the Children Japan：以下、SCJ）東京本部の海外事業部の責任者の立場にあるためである。SCJの海外事業部の役割は、いわゆる低開発国で実施する開発事業や緊急支援事業のために日本国内で資金を集め、世界各国にあるセーブ・ザ・チルドレン（Save the Children：以下SC）の事務所と協力して事業を形成、実施することにある。海外事業全体に責任を持つようになった二〇一六年以降、二〇一一年に始まっていたシリア危機とシリア周辺国における難民問題の深刻化、南スーダンでの武力衝突の発生と難民の流出、イエメンでの内戦の激化と史上最悪のコレラの発生、ロヒンギャ難民のミャンマーからバングラデシュへの流出等々、次から次へと国際的な注目を集めた大規模な人道危機が発生して今日に至る。

二．これまでの経歴

大学学部時代は、言語学を専攻したが、国際情勢に強い関心を持ち、一時期はジャーナリズムの道へ進むことを考えていた。しかし、次第に、世界の貧困や紛争の問題を報道する立場ではなく、活動そのものに直接従事したいという思いを持つようになった。卒業後、都内の大学院で政治と開発経済を学び、開発コンサルティング会社[2]に就職した。そこでは、アジアやアフリカの国々で日本政府や国際機関が発注する社会経済開発に関する調査、開発事業の形成や評価に取り組んだ。しかし、最初の数年はやりがいを感じたコンサルタントの仕事も、申請書や報告書の締め切りに毎月追われ、途上国の現場に出張してもじっくり問題を分析するような時間もなく、仕事の内容もあらかじめ決められた枠以上のことは求められないなど、次第に仕事の奥深さに欠けると感じるようになった。

入社五年目に開発コンサルティング会社を辞めて、英国へ渡航し、南東部にあるサセックス大学の国際教育学研究所（Centre for International Education）で、西アフリカのセネガルの言語と識字に関する調査研究に取り組むことにした。もともと大学学部時代にフランス語学を専攻していたこともあるが、コンサルタントの仕事で何度も出張したフランス語圏のセネガルで、政府機関の関係者や事業地の住民たちが会合で話すのは現地のウォロフ語であるのに、板書するのはフランス語であることに気づいたことがきっかけであった。これを開発における識字教育という観点から考察したいと思い、セネガルで一年程度のフィールドワークを行い、その結果をもとに論文を執筆した。同大学での研究、教育に従事した約六年間は、指導教官、大学のスタッフ、環境にも恵まれ、問題を整理して分析する力や英語の文章力を徹底的に鍛えこまれたと思う。

その時点では、自分は今後も緊急人道支援ではなく、開発の仕事に関わっていくことを意識していた。しかし、識字問題は、教育開発の中でもマイナーなテーマであり、重要な課題ではある一方でこのテーマのみにこだわっているとさほど仕事はなさそうだ、ということにも気づいていた。

1　本書巻末の用語一覧を参照。
2　本書巻末の用語一覧を参照。

その後、二〇一一年にSCJの東京本部に勤務することになった。一年間の東京勤務の後、二〇一二年から約三年間、ネパールに駐在し、初等教育の質の改善を目指すプロジェクトに従事した。当時、教育へのアクセス拡充を目指すミレニアム開発目標[3]に沿った教育開発が世界各地で進められていたが、子どもの就学率自体はある程度上昇したものの、教育の質である「学び」については、学校に通っているにもかかわらず、基礎的な読み書きや基本的な足し算、引き算ができない子どもたちが多数存在する、という衝撃的なデータがユネスコから発表された時期でもあった。このことは、ネパール教育省も強く意識しており、私が従事したプロジェクトでは、教員の教え方や授業の進め方を改善するために、算数科目を対象に子どもの基礎学力を高めることになった。この三年間は、タライ地方と呼ばれるネパール南部のインド国境地帯にある公立小学校に頻繁に足を運び、算数の問題を作り、子どもの回答の仕方を分析し、教室で授業を観察し、生徒や教員、郡の教育事務所関係者と対話をすることに明け暮れた日々であった。

プロジェクト運営上の苦労も多かったが、子どもの学びを改善するために必要なことは何か、教育省の担当者やプロジェクトのチームと徹底的に話し合い、教員たちの問題や課題を理解するために学校で教員らの声を聞いて具体的な改善策を一緒に考えることはとてもやりがいがあったし、また、これらの取り組みを通して、教員が子どもの教え方を真剣に考え、実際に子どもが以前より算数を理解できるようになったことを確認できたときほど嬉しかったことはない。

もともと緊急人道支援にさほど強い関心はなく、むしろ開発や貧困、教育の質の仕事をしていた私は、緊急支援は、一過性のものであり、難民や災害影響国内の避難民問題は期間限定のもの、と捉えていた。緊急人道支援とは支援物資を大量に、迅速に届ける仕事で、どちらかというと体力勝負、という程度の認識でいたのである。自分自身は、より長期的で難解な課題である貧困や教育の質の課題に時間をかけてじっくり関わる仕事をするのだ、という思いも持っていた。

もちろん、緊急人道支援においても教育の活動はある。ネパールに駐在していたときにもこのテーマに私自身が関わることはあったのだが、緊急時の教育と言っても、それを議論している国際機関やNGOの関係者の大半は緊急人道支援従事者で、低開発国の教育問題に知見を有する人はあまりいなかった。彼らの問題意識は、緊急人道支援を実施するにあたって教育セクターの予算が絶対的に少ないことや、同じ緊急人道支援従事者の中で教育の重要性の理解が得られていない、ということであった。

私は、介入の結果が表れるまでに長い時間がかかる教育分野にたとえ潤沢な予算が配分されたとしても、シェルターや食料とは決定的に異なる緊急状況下での教育セクターの特殊性が十分に議論されていないことを不思議に感じていた。つまり、人道危機下で被災者が安心で安全に暮らせるシェルターを設置し、食料を届けることは、これらの物資が一定の基準のもとに調達され、被災者に届けられれば事業の目標は達成できたと言えるかもしれないが、教育セクターについては、難民キャンプで一時的に教室を設置し、難民の中から教員を見つけて仮に授業ができるようになったとしても、そこ

3　本書巻末の用語一覧を参照。

に来る子どもが緊急状況下になる前に受けてきた教育のこと、緊急状況が収束した後に子どもたちが正規の教育を継続することができる可能性を考慮しなければならないなど、複雑な問題が伴うのである。一方で、たとえ人道危機の状態に置かれていても子どもが教育を受ける権利を奪われるべきではないことは確かなので、この理念と現実のギャップはいまでも大きなジレンマとして捉えている。

また、この数年で、人道支援の世界も様変わりした。シリア危機に見られるように、世界の多くの人道危機は長期化、複雑化し、故郷を追われた子どもたちが避難生活を送る期間が学校に通うべき期間に匹敵するような状況になっている。その結果、善かれ悪しかれいまでは、人道支援において教育分野が組み込まれることが規範化されてきたのである。

私自身も、実際にこれらの人道危機に対する支援に関わるようになって次第に考えが変わってきたと思う。緊急人道支援は一過性の活動などと言っている事態ではなくなってしまった。現在、数カ月、あるいは一年程度で終息する人道危機などほぼないと言ってよい。前述のシリア危機にしてもイエメン内戦にしても、この原稿を書いている時点でまだ終息していない。ウガンダに避難している約八〇万人の南スーダンの難民も自国へ帰国する目途は立っていないし、バングラデシュのロヒンギャにしても然りである。

三．現在の仕事の内容

このようなわけで、私は、緊急人道支援の「現場」で支援活動に従事するという経験もないまま人道支援の事業管理に従事することになった。

この原稿を書いている時点（二〇一九年秋）で、私が勤務するＳＣＪの海外事業のうち、資金規模のおよそ半分強が緊急人道支援で、残りは開発事業、という配分になっている。前述のように、大半の人道支援が長期化する中、緊急支援から始まった活動をいかに開発事業と結びつけるかという課題も重要性を高めており、緊急と開発を区分することの意味も問われつつあるのが現状である。

現場に行かずに東京でどのように緊急人道支援に関わるのか、と不思議に思われる読者もいるかもしれない。私たちが緊急支援の現場で実施する活動のための資金の大半は、いまでもいわゆる「北」の国、つまりＯＥＣＤ（経済協力開発機構）加盟国を中心とした先進国からきている。もちろん、近年の緊急人道

シリア難民支援に従事する SCとトルコのパートナー団体のスタッフ（イスタンブルにて）

資金のニーズの拡大から、従来のドナー国の資金のみでは不十分となり、中近東の富裕層による寄付が活動の資金源になることも最近ではある。ＳＣＪは国際協力ＮＧＯを構成するメンバーとして、主に日本政府や日本に本部を置く機関に資金を要請し、契約を結ぶため、私の部署では日々申請書を書いたり、事業が始まってからは定期的な活動報告を作成・提出したり、事業が完了した際には完了報告書を提出するのである。これらの作業はすべて東京にある事務所の机の上で行っているわけではない。私を含めた職員は定期的に活動の現場に赴き、進捗を確認する。活動に軌道修正が必要な場合は、事業を実施しているチームと話し合い、どのように変更するかを相談して、それを資金提供者に対して説明する文書を作成することも重要な任務である。

現在、長期化する人道危機の発生件数が増加しているが、特にシリア危機については、避難を余儀なくされた人々の数や避難先の国の数などの面において深刻である。九年以上にわたって続いている危機の現場で私たちが行っている活動は、一般的に緊急支援で想定される食料や水の配布、医療サービスの提供とはやや異なる。周辺国へ避難したシリア人の子どもたちにとっては、たとえ家族と一緒に生活をしていても、暴力を受けたり児童労働に従事したりするリスクが格段に高まっている。そのため、これらの子どもたちを保護する活動を行っている。レバノンやトルコなどに避難したシリア人は、当初は国際機関等から現金給付を受けていたが、数年後にはそれが減額されるか消滅してしまい、労働許可を持たないのに生計手段を見つけなければならないという苦難に置かれている。仮に親が病気である、怪我をしているといった場合には子どもへの影響はさらに大きく、学校にも通えず働かざるをえない、という状況がある。

一方、現在アジアで最大の人道危機であるバングラデシュのロヒンギャ難民に対する支援活動にも取り組んでいる。二〇一七年後半の大規模な難民の流入直後から彼らに対する支援活動を行ってきているが、当初は日用品の配布から始まった。そのあとはミャンマーと国境を接するコックスバザールのキャンプにおける水衛生改善や保健活動など、そのときのニーズに応じて内容を少しずつ変えてきている。

四．緊急人道支援に関するエピソード

東京本部から現場の活動の実施を支援するにあたって、私たちが多くの時間を費やすのが、「調整」である。ある国や地域で緊急事態が発生し、ＳＣＪとして対応活動を行うことが決まった場合、私たちはすぐその国にある事務所

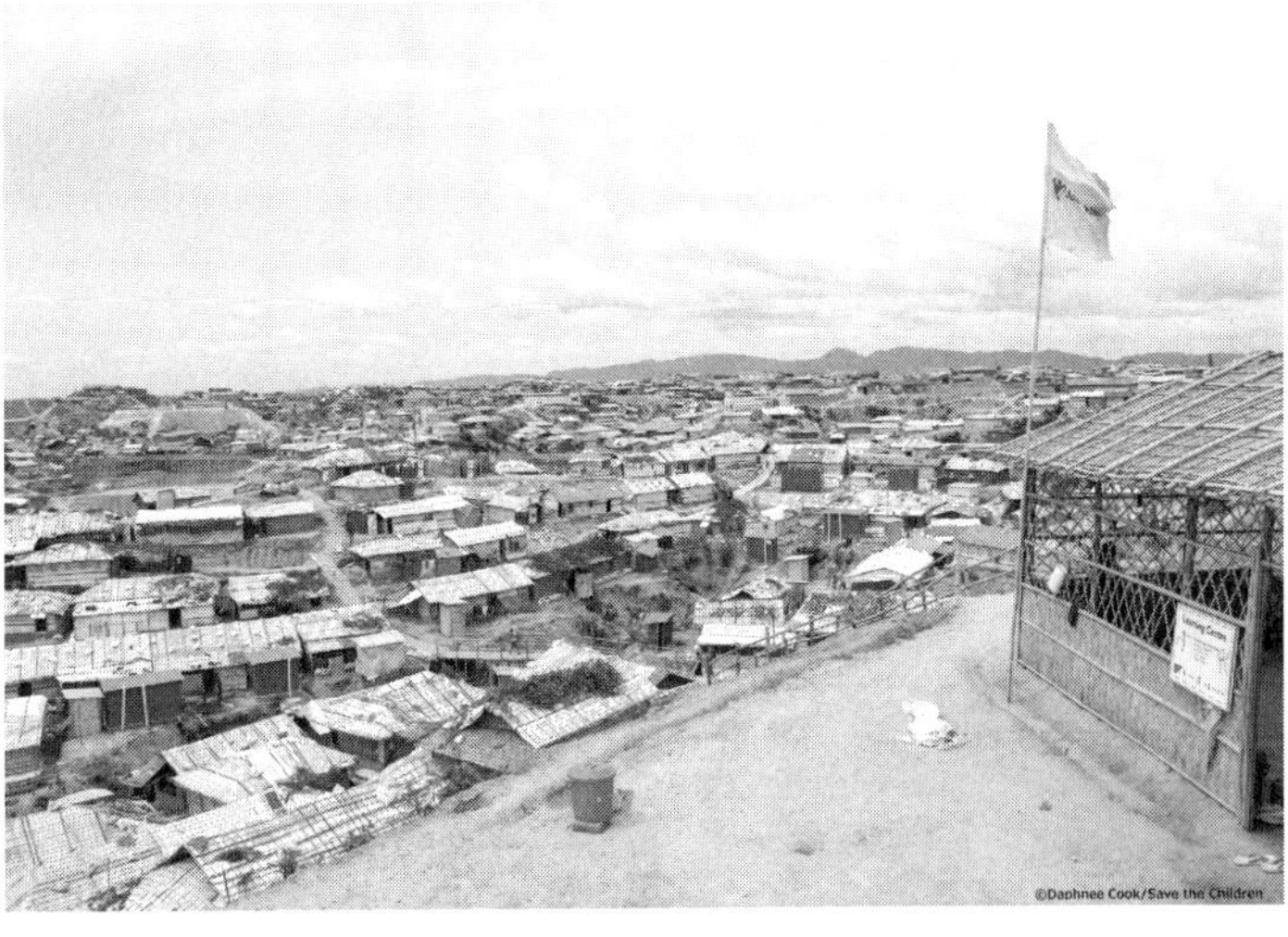

セーブ・ザ・チルドレンが緊急・人道支援を行うロヒンギャ難民キャンプ

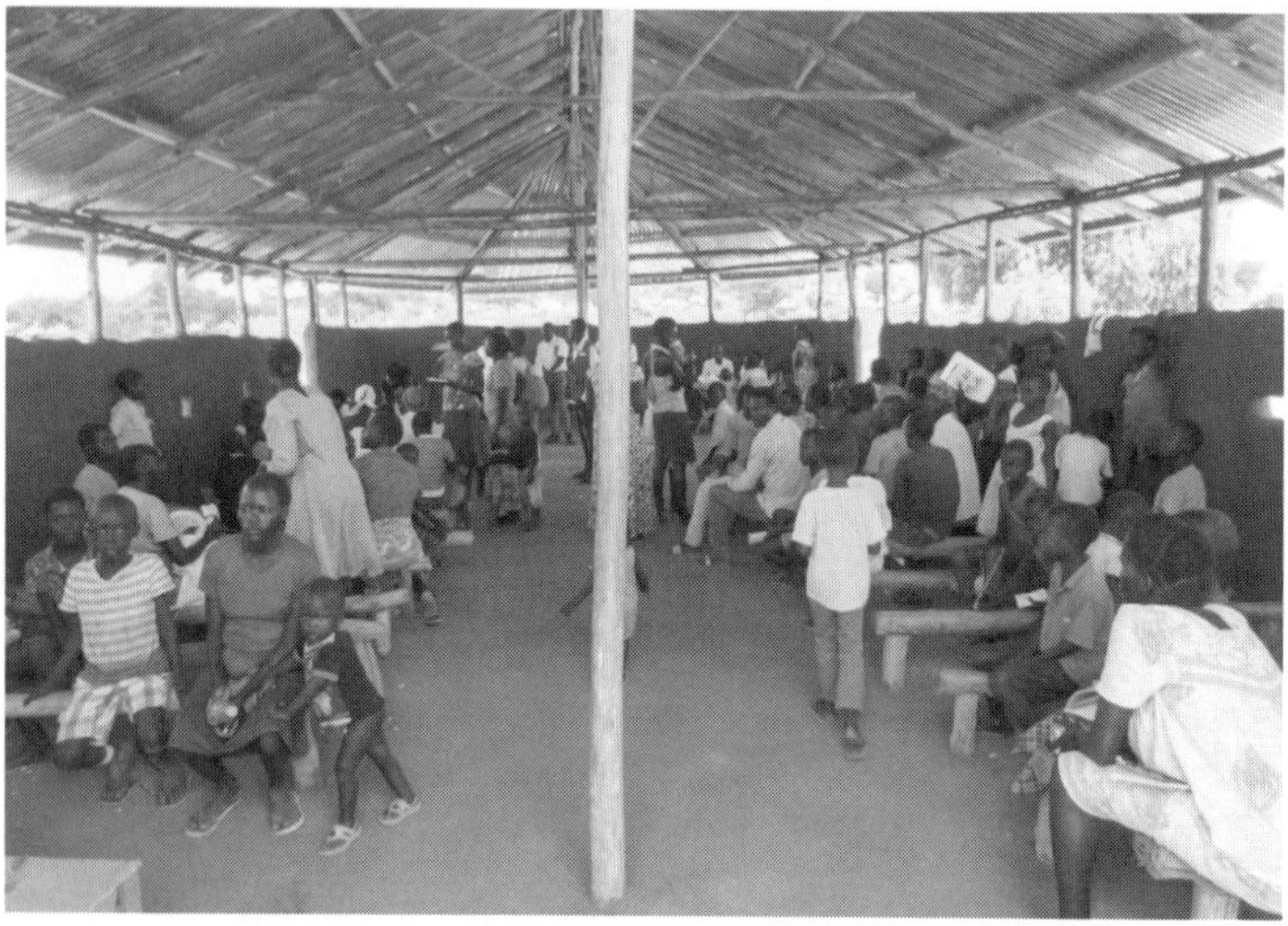

ウガンダ北西部の南スーダン難民定住区における教会での保護サービス活動の様子

に連絡し、予算規模や事業期間を伝え、どのような活動ができるのか、事務所のスタッフと相談する。逆も然りで、緊急支援活動を現場で実施しているSCの事務所が優先度の高い活動に対して、我々東京の事務所に連絡をし、資金を提供してくれる個人や団体を紹介してほしい、という相談もくる。必ずしもすべてのニーズに応えることができないのが難しいところである。総じて、日本の寄付者は、海外で起きる緊急事態について、自然災害であると大きな関心を示すが、紛争による人道危機に対しては距離を置くことが多い。

一方、たとえ活動資金を確保できたとしても、実際の事業実施に当たっては苦労することは多い。開発事業でも緊急支援でも共通して言えることであるが、事業を実施し始めると、あらかじめ設定されたシナリオ、筋書き通りに活動が進むことはまずないと言ってよい。活動で問題などが発生すると、資金面で支えてくれる日本の支援者が協力を止めてしまうかもしれない、そうすると資金や時間が不足して現場で対応しきれなくなる、という心配は常につきまとう。したがって、支援者に対しては、緊急状況下では、開発の現場よりもさらに予想以外の問題やアクシデントが発生しうるのだ、ということを理解してもらえるように働きかけることも重要である。

また、これほどまでに人道危機の深刻化と複雑化が進む一方で、成果主義に応えていくことも求められている。つまり、人道支援を行うにあたって、どれだけの人数に支援を届けられたのか、ではなくて、どのような効果やインパクトがあったのかを説明することを求められるようになってきている。それに伴い、本来の支援活動に加えて、インパクトを計測するためにそれに関する会議を何度も開いたり、調査のための費用が必要になったりするなど、当然ながら理念と現実は乖離する。私たちNGO職員はさまざまな矛盾と葛藤に直面していると感じる。

私たちの役割は、現場の最前線で働くスタッフからできるだけ問題を共有してもらうようにし、一緒に解決策を見つけること、また、日本の資金協力者に対しては、たとえ解消しがたい問題があったとしても、その問題を見逃すよりも、しっかり分析し、活動の改善にいかすことの重要性を理解してもらうように働きかけることにある、と考えている。

五．ワーク＆ライフのバランス

現在、日本では「働き方改革」という言葉をよく耳にする。しかし、いまの私の生活は、定時になって退勤すれば仕事が終わる、ということからは程遠い。メールで誰とでもいつでも連絡が取れるのは便利である一方で、時差のある国々と業務をしているために、夜帰宅してからも急ぎのメールが入った場合は対応するのが日常化している。

一方、どこかの国で緊急事態が発生しても、SCでは、各国に国事務所があり、その国のスタッフが主体性を持って活動に従事することが本来あるべき姿であるから、即刻日本からスタッフを派遣する必要はない。緊急事態発生時の初期は現場も混乱し、事務所のスタッフは直接支援に着手しつつ、資金集めに奔走しなければならないため、大きなプレッシャーを受けることになる。そのような場合、日本からできるだけ円滑に活動を開始するように側面支援することが重要なのである。

六．自身にとっての緊急人道支援とは

私が緊急支援の現場に足を運ぶのは年に数回程度であるが、やはり私自身が現場に行って、支援を必要としている人々の声を直接聞き、また、支援に直接従事しているSCのスタッフと話をすることは、東京での業務をするうえで非常に重要である。また、シリア危機、イエメン内戦、南スーダンの内戦、ミャンマーのロヒンギャ問題、いずれをとっても人道危機のもとになる紛争や民族対立の起源

は例外なく歴史に根ざしており、どの現場を訪問するにしても、問題が発生した経緯、歴史、民族、宗教など一通り理解しておくことが必要になるが、このように毎回新しいことを学ぶことは自分の性に合っていると思う。緊急支援活動に従事するようになって、それ以前に自分で行ってみようと考えたことさえなかった国や地域へ足を運ぶことになり、自分の視野が広まったと思う。また、この活動を通して自分自身を見つめなおすチャンスも与えられたとも感じている。

しかし、紛争、人道危機に苦しむ人への支援は当面のニーズに応えるものに過ぎず、根本的な解決にはつながっていないことも認識している。当面のニーズに対応しながらも根本的な問題へどのようにアプローチしていくべきか、日本の国際協力NGOの間でももっと議論を深めていくことが求められていると思う。

塩畑真里子
（しおはた　まりこ）

公益社団法人セーブ・ザ・チルドレン・ジャパン海外事業部部長。筑波大学第一学群人文学類卒業、東京大学総合文化研究科修了、英国サセックス大学博士（教育）。開発コンサルタント会社、サセックス大学国際教育研究所研究助手などを経て現職。二〇一一年よりセーブ・ザ・チルドレン・ジャパンに勤務し、二〇一二年から三年間ネパールで基礎教育の質向上プロジェクトに従事。ネパールの算数教育に関する寄稿、ユネスコのGlobal Education Monitoring Report 2019 Migration, Displacement, and Educationのバックグランドペーパーなど複数の国際教育に関する論文あり。

第七章

難民問題との出会い——ルワンダの現場が原点に

UNHCR駐日事務所
副代表（渉外担当）
河原直美

一．緊急人道支援を目指す・関わるきっかけ

私の場合、初めから緊急人道支援を目指していたわけではなかった。後にも述べるが、大学を卒業して国内で銀行に就職したものの、方向転換し、進学することにした。大学院でグローバル教育の研究をしていたのだが、さまざまなグローバル課題に触れていく中で、現場経験がないということがいかに自分の弱点かと痛切に思うようになっていった。自分自身に現場経験がないのに、グローバル教育など語る資格があるのかと自問自答していたときに、同じ研究室の同僚が、外務省のＪＰＯ[1]募集の記事を新聞で見つけて、「こういうの応募したらどう？」と切り抜きを

1　本書巻末の用語一覧を参照。

くれた。それまで国連で働くことなど考えてもいなかったが、「そうか、これに応募したら、国連の現場で仕事ができるのか」と思い、思い切って受けてみることにした。それがきっかけである。

二．これまでの経歴

高校卒業までスイスに暮らしていたため、日本と外国の関わりにずっと興味を持っていた。大学では比較文化を学び、テーマとしては、特に明治時代の日本に生きた人々の、日本人としてのアイデンティティを追っていった。

大学生活が終わるころ、「普通」に就職活動をして、銀行に就職した。幅広くさまざまな業界と関わることができる金融に興味を持ち、いつか一流のバンカーになりたいと思って頑張っているつもりだった。が、あるときからなぜ自分はこの仕事をしているのだろうかと疑問に思うようになっていった。銀行での経験もまだ浅く、これから学ぶことは山ほどあるというときではあったが、もっと「人が生きるということ」に直接関わることができる仕事がしたいと、とても漠然としてだが思うようになった。そこでいてもたってもいられなくなり、結局二年半で銀行を辞め、大学院に行き、グローバル教育の勉強をすることになる。

大学院でグローバル教育を学びながらつくづく思ったのは、前記したように、自分に現場経験がないということだった。グローバル課題について語るのに、自分自身に現場経験がないというのは、まったくの説得力がない。これではいけない、でもどうしたらいいのかと考えあぐねているときに、

周辺国には200万人以上のルワンダ難民がいた。当時のザイール、ゴマの難民キャンプ　©UNHCR/A. Hollmann

ＪＰＯ制度について知った。その年の募集要項を見て、もしチャンスがあるのならばと思い、書類をまず送ってみた。その後思いのほか選考が進み、結局ＪＰＯに合格することができた。そして、赴任先として外務省の国際機関人事センターに勧められたのが、そのとき空席があった国連難民高等弁務官事務所（The Office of the United Nations High Commissioner for Refugees：以下、ＵＮＨＣＲ）だった。自分としては、それまで学んできた教育学の分野をいかせるようなところを希望しており、それは必ずしもＵＮＨＣＲではないかもしれないと思ったが、国連のことをあまり知りもしないであれこれ考えてもわからないし、とにかく現場経験を積むことが大事だと思い、ＵＮＨＣＲに行くことにした。赴任地はルワンダとなり、そこから私のＵＮＨＣＲでの仕事

周辺国からルワンダ難民の一斉帰還が始まった。タンザニアから帰還するルワンダ難民　©UNHCR/R. Chalasani

が始まった。

ルワンダでは一九九四年に虐殺があり、ちょうど私が赴任した一九九六年には、周辺国に二〇〇万人以上の難民がいた。首都キガリではなく、隣国ブルンジとの国境近くのブタレという町に赴任したが、そこでは主にブルンジ難民とブルンジから少しずつ帰ってくる帰還民の支援を行っていた。アソシエート・プログラム・オフィサーとしてプログラム関連の仕事の担当となったのだが、小さな事務所だったため、ロジスティクスの担当にもなり、予算管理を行ったり、ドナー[2]へのレポートを書いたりしながら、援助物資を保管する倉庫管理やトラックの手配なども行った。事務所長が不在になることも多く、頻繁に事務所長代理も務めた。着任して半年ほど経ったころ、近隣諸国から一斉にルワンダ難民の帰還が始まり、初めての緊急事態を経験したのもここだった。ブルンジから毎日一万人のルワンダ難民が国境を越え、私の任地であるルワンダのブタレに帰ってくる中、帰還民に配る緊急援助物資は足りるのか、水は十分にあるのか、トラックの手配はできているか、病人はいるのか、小さなチームでとにかく必死で対応した。UNHCRの基本をここで本当に体で覚えたのだと思う。

ルワンダには結局四年間勤務し、その後ミャンマーのラカイン州にプログラム・オフィサーとして着任した。首都の事務所でないとはいえ、前任地ルワンダのブタレよりはるかに大きい事務所で、ロジスティクスの仕事などは別の担当がいたため、予算管理や報告書作成、パートナー団体との活動内容の相談など、プログラムのテクニカルな仕事に集中することができた。

その後、バングラデシュの首都ダッカ、ジュネーブ本部アフリカ局、イラクの首都バグダッドと勤務地は移ったが、振り返ってみると、ずっとプログラム関連の仕事に就き、それまでやっていた経験をいかし続けることができたのは大変よかったと思っている。また、立場が最前線のフィールドから首都へ、次に本部へと変わっていったのは、すべて狙ったわけではなかったが、最終的にはプログラム分野の専門性をいかしたキャリアを構築することができ、自分の成長にとって大変効果的だったと思う。

2　本書巻末の用語一覧を参照。

三．現在の仕事の内容

現在はＵＮＨＣＲ駐日事務所で渉外担当の副代表を務めている。渉外と言っても幅広く、外務省をはじめとする官公庁、企業、アカデミア、市民社会などの日本のさまざまなアクターとのパートナーシップを通して、広く今日の難民問題とＵＮＨＣＲの活動に関する理解を広げ、難民問題の解決に向けてサポートを得られるようにすることである。

多くの難民支援現場は日本から遠く、日本で難民問題を身近に感じてもらうのが難しいことが多々ある。難民の人が抱えるリアルなニーズを広く理解してもらうためにも、現場での状況や実際にあった出来事などを紹介させてもらうことがよくある。

これまで現場で培ってきた経験をいかして

イラク・バグダッドの国連事務所の前で同僚と

日々活動している。

四．緊急人道支援に関わるエピソード

ルワンダに赴任したのは一九九六年――虐殺があったちょうど二年後のことだった。前記したように、私はブルンジ国境の近くにあるブタレという町でブルンジから帰還する人々の支援に携わったのだが、そこには、七〇〇人程度のブルンジ難民のキャンプもあった。小さなキャンプではあったが、彼らはみなルワンダでの虐殺に加担しただろうと言われ、現地のルワンダ政府や周辺の住民から相当なプレッシャーを受けていた大変デリケートなグループであり、緊迫した現場であった。何かあったらいつでも連絡できるように、無線機をブルンジ難民のキャンプリーダーに渡してあったのだが、ある日の夜中、私のコールサインを静かに呼ぶ声があった。飛び起きて返答すると、ちょうどさっき周辺の村人がやってきて、あなたたち難民はみな「邪魔者」なので、数時間後に殺しに来ると言ったという。どういう経緯でそういう会話になったのかはわからなかったが、ブルンジ難民の置かれていた状況を考えると、ただの脅しや冗談として片づけることはできないとすぐにわかった。誰もが聞いている無線であれこれ言うわけにもいかず、「了解。すぐに向かう」とだけ言って、コールを切った。

慌てて着替えながら、このまま一人でキャンプに向かっても危険なだけだと思い、近くに住んでいる同僚を起こし、普段からカウンターパートとなってくれているルワンダ警察に一緒に向かった。警察署では指揮官が話を聞いてくれ、同行してくれることになった。私の運転する車でキャンプに向

かった。

キャンプに到着すると、キャンプのリーダーたちが待っていた。周辺の村人たちはキャンプを襲撃したりはしておらず、あたりは静かで、とりあえずほっとした。同行した警察の指揮官がキャンプのリーダーと話し、事情を聞いた。キャンプを取り巻く村の指導者も呼ばれ、一緒に話し合いが行われた。しばらくして警察指揮官が私たちのところへやってきて、もう大丈夫だ、対立はいけないと双方が納得したと伝えてきた。

とりあえず今日のところは大事件にならずにすんだかと、へなへなと力が抜けていった。警察指揮官を警察署に送ったあと、同僚と、この指揮官が同行してくれて本当によかったと話しながら、この難民キャンプの保護（プロテクション）が地域住民やその他のアクターとの関係性によって成り立つデリケートな課題であることを改めて思った。

こうした出来事はUNHCRの仕事をしていると時折起こりうると思う。このようなときにつくづく大切だと思うのは、現地のさまざまな場面で接するまわりのアクターとの信頼関係である。現地の政府、軍、警察、住民と常日頃からしっかりとコミュニケーションを取り、難民の置かれた立場のみならず、UNHCRの役割も理解してもらっておくことは必須である。お互い難しい立場にあることを知りながらも、腹を割って話せる関係を構築しておくと、いざというときに理解してもらうことができる。大変地道なことなのだが、やはり結局は人と人とのつながりだと思う。人道支援というのは、ただ外部から物資・人材を投入して飛び込んで活動するだけで成り立つものではない、ということを改めて深く実感した出来事であった。

五．ワーク＆ライフのバランス

どのような生活をしていてもストレスマネジメントは大事であるが、この仕事では特にフィールド（支援の現場）で生活することが多く、普通の環境（たとえば日本国内）で仕事に取り組んだり生活を送っているとき以上に自身のストレスと向き合うことが重要になってくる。治安がよくないところに単身で赴任し、そこでは外出もままならない、などということはよくある。いかに身体的にも精神的にもリフレッシュできるかがとても大事なテーマである。

あたりまえのことではあるが、食事と睡眠はちゃんと取るように心がけたほうがよい。私の場合、食事は普通に取ることができていたが、ついつい睡眠は不足しがちであった。また、なるべく運動をすることも大事である。外出ができないところでは、多少のスポーツ器具を用意をしてくれる事務所もあるので（トレッドミル、卓球台など）、極力利用するとよい。自分もイラク勤務のときは、毎日のように同僚と（地味に）卓球をやっていて、少し上達することができた（と思う）。

その他、リラックスできるように、自分の好きな本、音楽などは必ず持っていくようにしていた。そして一番大事なのは、家族、友人とのコミュニケーションだった。電話、メール、ネット電話、何でもいいが、つながっていることはやはり大きな心の支えになった。毎日会うわけにはいかないが、そうやって外の別の世界とつながっていることは、精神衛生上とても大切なことであった。フィールドで忙しく仕事をしていると、下手をすると目の前の狭い世界にこもりがちになるが、行き詰まったりしないようにも、外の世界とつながっていることは重要である。

家庭生活については、やはりそのときそのときの工夫が必要になってくる。私も同じ組織内で結婚したということもあり、夫と同じ勤務地に赴任することが大変難しい。そうすると、いかにせめて地理的に近くの場所で仕事をするかが課題になった。毎日ネットで連絡を取り合うにしても時差があまりにあると話にならない。それならば、同じ国にいることができなくとも、せめて同じ地域にはいるようにしようと、お互いに決めた。そういうこともあり、夫がレバノン勤務のときは私もイラク勤務、私が東京勤務になったときは夫もタイ勤務を志望して、幸いそうしたポストに就くことができた。

六．自身にとっての緊急人道支援とは

一九九六年にUNHCRに入り、ルワンダに着任したところから私も人道支援の世界に入るのだが、当初は「自分にとって人道支援とは」などと考えたことはなかった。初めての現場でただがむしゃらに仕事に取り組んでいただけである。わからないことだらけで、とにかく必死だったのを覚えている。ただあるとき、難民支援をする意味についてしみじみと考えさせられた出来事があった。

ルワンダでは、先にも書いたように、周辺国から帰ってくる帰還民の支援もしながら、ブルンジから逃れてきていた難民のケアも行っていた。毎日のように難民キャンプに出かけては、彼らのニーズに耳を傾け、どうやって最善のサポートができるか難民の人たちと一緒に考える日々であった。そう

こうしているうちに、あるときブルンジの情勢が少し改善し、一部地域に限り、難民の帰還が可能になった。ＵＮＨＣＲも彼らの母国への帰還をサポートすることになり、私も大変よいニュースだとキャンプに住む人々に伝えに行った。それを受け、約五〇人の人が帰還を希望した。

帰還の当日、朝早くキャンプに行くと、荷物をトラックに積み、すっかり準備が整った人々は、「いままでありがとう。ＵＮＨＣＲが助けてくれたから今日までやってこられた。これで祖国に帰れるのは本当に嬉しい」と満面に笑みをたたえながら力強く握手をしてくれた。出発の時間になり、トラックにみんな乗り込んだ。エンジンがかかると、みな手を大きく振りながら、一斉に歓声をあげた。自分の国に帰るのがどんなに嬉しいか、彼らの輝きに満ちた表情を見て、その喜びが自分にも伝わってきた。今日から彼らは難民ではなくなる。帰ってからもさぞ苦労をするだろうと想像しながらも、彼らの壮絶な人生がここでまた新しいページを開くのだと思った。世界で何千万人といる難民のうち五〇人などというのは取るに足らない数字かもしれないが、この五〇人の一人ひとりの人生に直接関わっている。ＵＮＨＣＲの仕事とはそういうものなのだと、そのためにＵＮＨＣＲは現場におり、そのためにこの組織は動いているのだと、あたりまえといえばあたりまえのことを改めて思った。そして、この仕事を精一杯続けていきたいと心に刻んだ。いまから思えば、昔銀行を辞めたときに漠然と「人が生きるということに直接関わることができる仕事がしたい」と思ったが、まさにそういう仕事にたどりつけたのだと思う。ＵＮＨＣＲのいかなる仕事でも、最終的には難民一人ひとりの人生につながっている——この出来事は自分がＵＮＨＣＲで仕事をしていくうえでの原点となった。

河原直美
（かわはら　なおみ）

ＵＮＨＣＲ駐日事務所副代表（渉外担当）。大学卒業後、銀行勤務を経て、一九九六年にＪＰＯとしてＵＮＨＣＲに入る。以来ルワンダ、ミャンマー、バングラデシュ、ジュネーブ本部（アフリカ局）、イラク、東京で勤務。主に援助プログラムのマネージメントに従事してきた。

第八章

人道危機と復興の先を見据えて——子どもを誰一人取り残さない未来を目指して

UNICEF東京事務所
副代表
根本巳欧

一・緊急人道支援を目指す・関わるきっかけ

私が緊急人道支援を目指したきっかけは、故緒方貞子氏にあると言っても過言ではない。国際法を学んでいた大学生時代、難民法のリサーチのために、UNHCR日本・韓国地域事務所に足を運んで資料を集める機会があった。それが縁で、同事務所でインターンをすることになったのだが、そこで「キャンプ・サダコ」[1]と呼ばれるプログラムを知った。これは、一九九〇年代に実施されていたUNHCRの若者向け研修プログラムで、当時、高等弁務官だった緒方貞子氏の名を冠している。実際に難民キャンプに滞在してUNHCR職員と共に難民支援業務を経験するなど、国連の緊急

1 「キャンプ・サダコ」の報告書が公開されている。一九九八年報告書に筆者の寄稿文が掲載されている。

人道支援の現場を実際に体験することで、難民問題への理解を深めることを目的としていた。
私は大学四年生のときに同プログラムに参加し、コートジボワール西部国境付近の難民キャンプで、リベリア難民の自主帰還事業に携わった。平和を取り戻した自国への帰還という道を選んだ難民たちにインタビューを行い、当面必要となる支援物資を配布し、一人ひとり登録された故郷に戻るサポートをする。難民と共にトラックの荷台に乗り、国境のジャングルの山道をかき分け進んでいく。リベリア特有の真っ赤な土が、雨季による絶え間ない雨のために泥と化し、トラックは何度も立ち往生。それでも、故郷に戻る喜びにあふれた難民たち……そのほとんどが女性と子どもであった……の歌声を聴きながら、紛争下の人々の保護の意義と重要性を肌で実感させられた。

この強烈な西アフリカでの現場経験に魅了され、それまで大学卒業後は漠然と研究者になろうかと考えていた私は、途上国での実務に関心が芽生えていった。当時、人道支援から開発支援への移行期に生じる「ギャップ」の問題を、いかに最小限に留めるかに興味があった。内戦のため多くのインフラが破壊されたリベリアに難民を帰還させたものの、教育や就業の機会もないまま国際機関の支援が途絶えてしまうことに、わだかまりを感じたのを覚えている。紛争後の国にとって、一番必要な将来への投資とは何か。ＵＮＨＣＲの研修プログラムへの参加を通じて、これらの課題を実践的な形で勉強したいと思い、帰国後、行政管理学で優れた研究と実績があり、運よく奨学金を得ることができた米国の大学院に進学する道を選んだ。

二．これまでの経歴

「キャンプ・サダコ」をきっかけに緊急人道支援に足を踏み入れた私にとって、この分野で有益な専攻やスキルを意識して学んだり培ってきたわけではなかった。むしろ、当時日本の大学や大学院にはなかった、地方行政やＮＰＯ、そして国連のプロジェクト運営に関する実務をもとにしたグループワーク等を通じて、自分自身のやりたいこと、できることを模索しながら、「キャンプ・サダコ」で学んだ、理論を実践の場でいかすこと、そして、現場で支援を受ける人々の視点を忘れないようにしてきた。

大学院卒業後は、青年海外協力隊など途上国での仕事を夢見ていたものの間口は狭く、当時日本人留学生を積極的に採用していた外資系コンサルティング会社に勤務した。国際協力の仕事とは無関係に思えるが、このときの経験は現在でも役立っている。顧客にわかりやすく説明する、顧客が解決できない問題を共に考え、解決策をアドバイスし、ときには一緒に解決していく……途上国で、政府の省庁の人とお互いに課題を探求しながら必要な支援を考えていくプロセスとつながるところがある。

その後、私が現在勤務する国連児童基金（United Nations Children's Fund：以下、ＵＮＩＣＥＦ）との接点は、偶然やってきた。民間企業で任された業務は刺激的だったものの、本当にやりたいこととは違うなと思い始めていたころ、日本ユニセフ協会[2]で公募があり、運よく採用されるに至った。「キャンプ・

2　日本ユニセフ協会は、世界三三の先進国・地域にあるユニセフ協会（国内委員会）の一つ。

サダコ」以来、難民のほとんどが女性や子どもである事実を身をもって体験し、紛争下の子どもの保護にも関心を寄せ研究してきた私にとって、「子どもの権利条約」の推進を掲げる国連組織で働くことは夢でもあった。その後、二〇〇四年にＪＰＯ[3]として再び西アフリカに戻り、ＵＮＩＣＥＦシエラレオネ事務所で子どもの保護の分野で仕事をするチャンスを得たときは、まさに夢が現実となる瞬間であった。

　多くの国連機関の中で、ＵＮＩＣＥＦを選んだ理由は三つある。まず、子どもの権利条約という明確な規範を活動の指針に持ち、そこに一〇〇％共感できたこと。これは、子どもを「誰一人取り残さない」という、現在の接続可能な開発目標（ＳＤＧｓ）の精神にも通じるものがある。次に、ＵＮＩＣＥＦは人道支援も開発支援もどちらも行うユニークな組織であったこと。緊急人道支援関係者の間では、「ＵＮＩＣＥＦは一番最初に現場に入り、一番最後に現場を去る国連機関」としばしば言われる。人道危機の前も、最中も、後も、活動の基盤が現場にあることは、人道支援と開発支援の連携、さらには、当事国のレジリエンス（気候変動、自然災害や紛争に対する強靭性）強化や能力開発を促進するうえで、大きな強みである。最後に、徹底した現場主義を貫いていること。現在、先進国を含む一九〇の国と地域で活動し、九割近くの職員を国事務所（カントリー・オフィス）等の現場に配属することで、赤ちゃんからその国の元首まで、幅広いパートナーを対象に活動することを可能にしている。

　ＵＮＩＣＥＦでは、これまで、シエラレオネ、モザンビーク、ガザ（パレスチナ）、タイ、東京と世界中を転々と勤務してきた。加えて、人道危機の初期段階における増員派遣（surge deployment）のメンバーとして、レバノン、フィリピン、バヌアツで大規模な緊急人道支援に携わった。前述の通り、私は人道支援と開発支援の連携に関心があったが、紛争後国で子どもの保護分野における現場経験を積んでいく中、より専門分野を広げていきたいと考えた延長線上にあったのが、緊急人道支援であった。

そのために必要な知識の習得は、組織内のトレーニングもあったが、むしろ現場の on-the-job-training（ＯＪＴ）で学んでいった部分が大きい。世界中で人道危機を取り巻く政治、経済、社会情勢が複雑化する中、これだけすれば子どもたちの命が守られるという処方箋は、残念ながらまだない。まず現場を知り、求められる行動は何かを考え、同僚から学ぶことを通じて、それぞれのコンテクストにあった緊急人道支援を模索するほかなかった。

三．現在の仕事の内容

現在は、ＵＮＩＣＥＦ東京事務所で、日本政府とのさまざまなパートナーシップの推進、および日本政府からの資金調達を指揮している。

具体的には、日本の政府開発援助（ＯＤＡ）の重点領域とＵＮＩＣＥＦの活動優先分野を照らし合わせ、ＳＤＧｓ達成のために政策レベルでいかに協力できるか議論したり、資金調達のための働きかけをする。日本政府にとって、緊急人道支援は、「人道と開発、平和構築の連携」を含め、重要な政

3　本書巻末の用語一覧を参照。

策課題の一つである。そのため、子どもへの支援の必要性を理解してもらうとともに、緊急人道支援下でのUNICEFのクラスター・リード[4]としての役割等の情報共有に努めている。その意味では、アフリカ、中東、アジア・太平洋地域での現場経験は、非常に役立っている。

また、東京に異動する前に勤務していたタイのバンコクにあるUNICEF東アジア・太平洋地域事務所では、地域内で緊急人道危機が起きた際に、二四時間以内に現場に入り緊急人道支援を指揮、あるいは、現地の国事務所を支援するのが職務であった。二〇一八年、UNICEFは世界九〇カ国で、延べ二八五の緊急人道支援に携わった（二〇一八年人道支援報告書）。その規模やタイプはさまざまであったが、紛争が多い中東やアフリカと異なり、東アジア・太平洋地域は自然災害のリスクが高く、台風やサイクロン、地震等に関する緊急人道支援がその大半を占める。さらに、東・東南アジアのような中・高所得国における国連の役割は、アフリカのいわゆる脆弱国とは極めて異なる。

ウガンダ北部の南スーダン難民居住地で、簡易上水道に水を汲みにきた男の子と筆者

二〇一六年、大型台風ハイエンがフィリピンを襲った際、これまでの緊急人道支援と同じアプローチを取ろうとした国連と、国連主導の活動に難色を示す政府の対立が表面化したことがある。UNI

ＣＥＦとして、子どもたちのニーズを共有、強調しながら、その国の政治、経済、社会的背景を理解したうえで、いかに政府と共に緊急人道支援策を作り、その実施をサポートしていくか……ともすると、緊急人道支援を一括りに語ってしまうことが多い中、さまざまなコンテクストにおけるＵＮＩＣＥＦの活動のあり方を考えさせられた。

また、地域内にある一四の国事務所を回り、現地の職員向けに緊急人道支援に備えるための研修を実施するのも、私の大きな役割の一つであった。ＵＮＩＣＥＦには、〝Core Commitments for Children in Humanitarian Action（CCC）〟と呼ばれる、いわば「緊急人道支援マニュアル」がある。これは第二次世界大戦後、子どものための緊急人道支援を行う国連の基金として誕生し、現在でも全予算の三分の一を緊急人道支援に費やすＵＮＩＣＥＦで働くすべての職員が学ばなければならない重要なガイドラインだ。私はその研修を提供する側として、マニュアル作成や新たな研修講師の育成にも携わった。

それだけではない。ＵＮＩＣＥＦ内の地域レベルでの人事制度を見直し、必要時に迅速な人材投与ができるよう制度を整えた。たとえば、バングラデシュやミャンマーで起きている危機に、ニューヨーク本部から人を送るのではなく、地域内の国事務所から増員派遣をするほうが、時間もコストもはるかに削減できる。地域のコンテクストや言語を知っている強みがあることも多い。現地職員にとっては能力開発の機会にもつながり、実際、その後能力を認められ、現地採用職員から国際職員と

4　本書巻末の用語一覧を参照。

巣立っていった人も数多くいる。各国の国事務所を回りながら、意欲とポテンシャルがある職員を発掘し、研修を提供し、ロスターに加えていく……こうした地道な裏方の仕事も、UNICEFの緊急人道支援体制を強化するうえで不可欠であった。

四．緊急人道支援に関わるエピソード

UNICEFでの最初の赴任地であるシエラレオネは、二〇〇四年当時、まだ国連PKOミッションが一万人規模で残り、夜間外出禁止令が解除されたばかりであった。首都フリータウンですら水も電気も供給が滞り、紛争後の開発フェーズにあったものの、復興が始まる気配すら感じられない。幹線道路などのインフラも破壊されていたため、地方出張となると国連平和維持活動（PKO）のヘリコプター、国連世界食糧計画（WFP）の小型飛行機、もしくはUNICEFの四輪駆動車を駆使し、最後は文字通り自分自身の足でジャングルを越え、村々を回っていった。

私の主な任務は、元子ども兵士の社会復帰を支援する事業のモニタリング。実際に彼ら彼女らが住む家を訪れ、家庭内暴力を起こしていないか、きちんと学校に通っているか、また、心のケアの必要はないかなど、女性社会保障省の職員と一つひとつチェック・リストを確認していく……これは、緊急人道支援後の国際機関の支援のあり方について、「キャンプ・サダコ」で感じた一抹のわだかまりを払拭する経験でもあった。子どもたちが順調にコミュニティに溶け込んでいくのを見守るのは心底嬉しかった一方、別の業務で定期訪問していた少年刑務所で、偶然元こども兵士の一人を見つけた際

モザンビークで発生した洪水に対応するためいち早く被災地に入った

は、非常に悩ましい気持ちにもなった。一筋縄ではいかない、シエラレオネの元子ども兵士の問題の深さを、身にしみて感じた。

その後、赴任したモザンビークでは、二〇〇八年、中部ザンベジ川が氾濫し大規模な洪水が発生。一一万人以上が家を追われた。[5] 首都マプトから一、〇〇〇キロメートル以上離れた農村部での緊急人道支援であったため、UNICEFは三つのフィールド事務所の立ち上げを決めた。私は、水と衛生専門官、保健・栄養専門官、IT担当官、そしてドライバーを引き連れ、ムタララという小さな村に拠点を置くべく現地入り。途中、乗っていた車の座席まで水につかりそうになりながら、ザンベジ川沿いの最も被害の深刻な地域に入っていく。最終的にはボート

5　日本ユニセフ協会HP「過去の緊急支援活動」に筆者の活動が紹介されている。

で川を上り被災地に向かい、まずムタララの村長を表敬。許可を得て、フィールド事務所を設置する小さな宿を確保した。

緊急人道支援の際に忘れがちだが、活動のベースとなる事務所や物資倉庫、ロジスティクスを迅速に手配するのは容易ではない。さらに、洪水によりアクセスのない地域が広範囲に広がっていたため、ヘリコプターを使って上空からもニーズ調査を行う。その結果をもとに、必要な支援策と人員、物資、資金を見積もる。これを初動七二時間から一週間の間に行わなければならない。政府や自治体だけでなく、他の国連機関やNGOと協力しながら、いかに効率的な支援が行えるか、その土台作りが肝心となる。

一方、紛争下のパレスチナ自治区ガザでは、まったく違ったコンテクストでUNICEFの緊急人道支援を経験することとなった。UNICEFには、国連安全保障理事会（安保理）決議一六一二号によって定められた、紛争下の子どもに対する重大な権利侵害をモニタリングし報告する役割が与えられている。イスラエル・パレスチナ双方の武装勢力による子どもの殺傷、学校や病院への攻撃などの子どもの権利侵害について、現地の人権NGO等が自発的に一件一件証拠を集める作業をしていた。そうした情報をもとに、UNICEFが安保理に提出する報告書をまとめていく。

現地NGOのソーシャルワーカーと共に、空爆で両親を失い怪我を負った子どもたちの家庭を訪問し、聞き取り調査に立ち会うことも。淡々と自宅が爆撃を受けたときの状況を説明する姉。悲しみを通り越したやり場のない怒りをぶつける兄。そして、その二人をじっと見つめる双子の妹たち……どの国でも、紛争の被害を最も大きく受けるのは子どもたちである。政治的な紛争の中で、UNICEFとしていかに中立を守り、子どもの権利が侵害されている事実を記録、検証、報告するか、責任は重大であった。現場で地道に収集された証拠をもとに、紛争下の子どもの権利を守るべく、安保理におけるハイレベルでの子どもの権利擁護のための議論促進につなげる。「子ども最優先」で不偏不党の立場で働くUNICEFが、最も必要とされていることを実感する毎日であった。

五．ワーク＆ライフのバランス

緊急人道支援に携わる人には、人種や国籍、性別等を問わず、並外れた使命感とエネルギーを持つ人が多い。一方、たゆまない情熱だけで、困難な生活環境の下、開発支援とはまったく違

空爆が一段落したガザ市内でUNICEF支援のレクリエーション活動に参加する男の子たち

うスピード感で勤務を続けるのは難しい。そのバランスをいかに保つかは、個人差があるため一概には言えないが、私自身は二つの点を心がけていた……紛争地帯や災害被災地でも仕事を行える体力を維持することと、チームとして活動する際に不可欠なコミュニケーションを忘れないことである。特にストレスの溜まる紛争下での緊急人道支援は、自分自身のメンタル・ヘルスにも気を配らねばならない。意識して仕事にｏｎ／ｏｆｆをつけることも重要。また、完璧を目指さないことも大切な心構えである。

ガザでは夜間外出禁止令に加え、現地職員が運転する防弾車のみでしか屋外の移動は許されていなかった。週末はまさに宿舎に缶詰状態である。美しく佇む地中海を目の前にし、大好きな水泳ができないことを恨めしく感じる日々。その代わりに、同僚と一緒に宿舎の階段を走りながら上り下りしたり、ヨガやズンバを企画して、体を動かす努力をしていたことも。気のおけない同僚や友人とのたわいない会話や、共にする料理や食事が、紛争の合間に心の休まる瞬間でもあった。

六．自身にとっての緊急人道支援とは

私がＵＮＩＣＥＦで緊急人道支援に関わるのは、紛争や災害の影響を最も受けるのは子どもたちであり、そうした子どもたちが私たちの未来であるという単純な事実からだ。紛争や災害に苦しむ子どもたちを抜きにして、子どもたちが担う未来を語ることはできない。ＳＤＧｓを達成することもできない。

2019年、日本の若者の声をG20大阪サミットに届けるべく東京大学で企画した「ユーススクランブル」で基調講演を行う筆者。スライドに映し出されている写真は、日本がUNICEFから支援を受けていた約70年前の第２次世界大戦直後のもの

現在、世界ではおよそ四人に一人の子どもが、紛争や災害下に暮らしている。シリアやイエメンをはじめとする難民や国内避難民のおよそ半分は、一八歳未満の子どもであると言われる。しかし、これは単に数の問題だけではない。子どもには、おとなとは違ったニーズ、視点、そして、紛争や災害に対する適応能力がある。どんな子どもたちも置き去りにせず、その声に耳を傾け、必要な支援を届けること。これは将来を担う子どもたちに対しての、私たちおとなの責務である。

「キャンプ・サダコ」で考えさせられた、いま一番必要な投資とは一体何か。この問いを立てるたびに、私は空爆に怯えるガザの子どもたちのことを思い出す。彼ら彼女らが一番望んでいたのは、一刻も早い学校の再開であった。友だちと一緒に教室で学び、校庭で遊びたい。そして、家を失って苦しむ友だちを助けたいという率直な思い……子どもが子どもらしく生きることが、彼ら彼女らにとって一番の心のケアである。そして、そうした社会を築き上げることが、緊急人道支援において一番求められている投資ではないだろうか。

人道危機を、子どもたちの未来のために、既存の枠組みを超えた制度や政策を築き上げるチャンスに変えられるかどうか。そのための投資を引き出すべく、政府や市民社会、民間企業、また、学術機関や他の国際機関・国際金融機関などのパートナーを巻き込みながら、人道危機と復興のその先を見据えたＵＮＩＣＥＦのチャレンジは続く。

根本巳欧
（ねもと　みおう）

UNICEF東京事務所副代表

東京都出身。東京大学法学部卒業。米国シラキュース大学・マックスウェル・スクール大学院で公共行政管理学、国際関係論の両修士号取得。民間企業、日本ユニセフ協会を経て二〇〇四年にUNICEFへ。JPOとしてシエラレオネ国事務所に赴任後、モザンビーク、ガザ（パレスチナ）の各UNICEF事務所を経て、二〇一三年よりバンコクにある東アジア・太平洋諸国地域事務所の緊急支援専門官。同地域の紛争や自然災害に対する緊急・人道支援に携わる。二〇一六年一〇月よりUNICEF東京事務所副代表。

第九章

学びと実践‥子どもたちに図書を届けるまで

シャンティ国際ボランティア会
ネパール事務所長
三宅隆史

一・緊急人道支援を目指す・関わるきっかけ

私が緊急人道支援を含む国際協力に関心を持ったきっかけは二つある。一つめは一九八三年の大学二年生のときにフィリピンでエクスポージャー・プログラムに参加したことである。エクスポージャー・プログラムとは、途上国の貧困や課題について学ぶだけでなく、受け入れていただく家庭や地域に自分をExpose、つまり〈さらす〉ことによって自分の価値観や生き方を考え直すことに主眼が置かれている。当時のマルコス大統領による独裁政権下で住民の組織化や民主化運動を支えてきたカトリック教会の現地団体に渡航アレンジをお願いした。首都マニラのスラムの家庭とマニラからバスで三時間の農村のサトウキビ労働者の家庭にそれぞれ二泊ずつお邪魔させていただき、スラムや農村での暮らしや、サトウキビ畑での労働を体験した。延べ一カ月あまりフィリピンに滞在したのであるが、前述のエクスポージャーに参加した以外の時間は、旅行をしたり、教会団体に併設された寮に泊まって、だらだらと時間を過ごしたり、この寮に住んでいたフィリピン人の学生たちと飲んだり、遊んだりした。

この体験によって、フィリピン人のホスピタリティ、貧しいのに明るく楽しく暮らしていける力、スラムの家庭の妻が初めて会う僕と延々と話をしているあいだ夫が黙々と夕食を作ってくれたこと、熱帯の暑さと果物、のんびりとした時間の流れ、スラムの喧騒、市場の活気、大学教員の研究室がベニヤ板で仕切られているだけの大部屋だったこと、民主化を求める人々のデモなど、日本社会にはないあるいは日本社会が喪失した素晴らしいものや面白いものがフィリピンに多くあることに感動し、アジアに関わる仕事をしたいと思った。その結果、途上国の貧困に関心を持ち、国際協力の仕事をしたいと思うようになった。つまり、最初はフィリピンという国や人々が好きになり、その結果、国際協力に関心を持つようになったのであって、その逆ではなかった。

二つめは、私は広島生まれで両親が被爆者であることだ。当時中学校二年生だった父は爆心地から一・八キロの距離にある工場で働いていた。母は当時八歳で爆心地から一・二キロの家で弟の面倒を見ていた。母の家は爆風によって倒壊し、母は気を失った。目が覚めたら畳の下にいて、もがいてがれきの下から外に逃れ、弟を助け出した。母は母（私の祖母）と妹を被爆から一週間後に失った。両親とも被爆体験について語りたがらないが、母によると被爆直後の状況で一番覚えていることは、腐った魚のような臭いだという。暑い夏に死体が腐っていく臭いのことである。両親のその後のつらさと苦労は想像もつかない。

核問題や平和問題に関心を持つようになり、大学生のときにたまたま知り合った菅田良哉という映画監督による『ヒロシマという名の少年』という被爆体験に関する映画の制作を手伝った。その際、広島の平和公園にある原爆資料館内に被爆直後の国際赤十字委員会（ＩＣＲＣ）による救援活動が紹介されていることを知った。また、上智大学を設立・運営しているイエズス会（カトリック教会）の司祭の養成機関である修練院が広島市にあったのだが、当時の院長であったスペイン人のペトロ・アルペ神父はもともと医師であったこともあり、爆心地から六キロ離れた修練院を爆風や熱によって火傷や重傷を負った被災者のための救護場所として開放し、治療をされていた。このようなことを知ることにより、被災者の支援活動に関心を持つようになった。

二．これまでの経歴

学部では広島修道大学で社会学を学んだ。指導教官の青木秀男先生（現在「社会理論・動態研究所」所長）は都市下層社会、人権、差別についての社会学者で、私の社会問題への関わりに大きな影響を与えてくださった。大学で学ぶ社会問題への理解を深めようと、三年生のときに一年間休学し、大阪市の釜ヶ崎の日雇い労働者を支援するためのイエズス会の施設である「旅路の里」の住み込みアルバイトをした。この施設では事務や会計、路上生活者の越冬支援のほか、老人のケアや子どもの居場所施設の手伝いをしたり、週に一度は生活費をかせぐために日雇労働に行ったりした。

何か役に立てればと思って行った釜ヶ崎だが、学生が一年間でできることは何もなかった。むしろ出会った労働者や活動家から多くのことを学んだ。いま振り返るとアカウンタビリティ（説明責任）[1]も学んだ重要なことの一つである。当時の釜ヶ崎では、〈当該〉という言葉がよく使われていた。現在の〈当事者〉にあたる言葉で、経済的に搾取され、社会的に差別され、政治的に抑圧されている日雇労働者や路上生活者が、〈当該〉であり、労働運動組織であれ、キリスト教団体であれ、学生組織であれ、彼らを支援する側はみな〈支援〉と呼ばれていた。この当事者と支援者を明確に区別する考え方は、いまも私の中で強く心に残っている。被災者や難民の状況や苦しみを理解しようと努めても完全に理解することは不可能だ。支援者が被災者・難民に同化することはできない。だからこそ支援する側は、支援される側に対するアカウンタビリティ、すなわち支援する側が持っている力や資源（資金、人材、技術、物資等）を責任をもって活用しなければならない。そして彼らの声を〈代弁〉して行政や資本に伝えなければならない。これらの努力によって支援する／支援される関係を超えることができるのではないか、と考えるようになった。

大学の卒業論文は、日雇労働組合が毎年開いている夏祭りを事例として参与観察を行い、日雇労働者のサブカルチャーについて作成した。卒論研究の際に使用した参与観察やインタビューといった定性調査の手法は、現在の実務にも役立っている。

大学卒業後の最初の就職先は日本ユネスコ協会連盟だった。世界遺産条約や識字教育のユネスコの

ネパール南部での洪水被災者支援活動で物資を配布する筆者

広報事業や国際理解教育事業を担当した。一九九〇年の国際識字年の広報の一環でブラジルの教育学者のパウロ・フレイレ氏を招聘し、講演会を開いたり、大阪の被差別部落での識字学級を訪問したりした。フレイレ氏ご夫妻を広島の原爆資料館にお連れし、実家で両親と夕食を共にしていただいたのはよい思い出である。識字年を契機に国際協力NGO[2]であるシャンティ国際ボランティア会（Shanti Volunteer Association：以下、シャンティ）とご縁ができ、九年間務めた日本ユネスコ協会連盟を退職し、シャンティに転職した。

　シャンティに入職したのが一九九四年七月で、当初は地球市民事業課という会員活動や開発教育といった国内事業を担当する課の課長を拝命

1　本書巻末の用語一覧を参照。
2　本書巻末の用語一覧を参照。

したのであるが、翌年一月に阪神・淡路大震災が起きた。東京事務所の同僚が神戸に行ってしまったため、国内事業に加えて、海外事業、広報も担当することになり、課の名称も事業課に変更され、「なんでもやる」課の課長を一九九五年から一九九九年まで務めた。この時期が人生で一番働いた気がする。

二〇〇〇年から二〇〇一年まで、タイ・ミャンマー国境の難民キャンプでの教育事業を開始するため、タイのメーサリアンという英語のメニューがあるレストランが二軒しかない町に赴任した。帰国後は事務局次長を務め、海外事業の管理に加えて人事、財務、理事会対応といった組織運営を担当した。組織運営はやってみて、つくづく自分には向いていないと感じた。たとえば、上司に対してヒステリックな態度をとる職員に「そのような態度は慎むべきだ」と伝えると「三宅さんの態度のほうがひどいのだからそんなことを言う資格はない」と言われる始末だった。この時期にはシャンティを辞めたいと思った。

このようなこともあって、大学に戻って開発学を勉強をしたいと思うようになった。また、この業界で生きていくには修士号を取得しておいたほうがよいと考えて、国際協力機構（JICA）[3]のNGO職員向けの奨学金制度に応募し、運よく選ばれた。当時私立高校に通う二人の息子がいた私にとって、この奨学金は学費だけでなく給与が補填される大変ありがたい制度だった。二〇〇五年から一年間、都内の政策研究大学院大学（GRIPS）が国際開発高等教育機構（FASID）と共同運営していた国際開発学プログラムで勉強した。残念ながら、その後、JICAの奨学金制度もGRIPS／F

ASIDの国際開発学プログラムも終了してしまった。

私は恥ずかしいことに経済学とは、経済や金融、農業や工業についての学問だと誤解しており、ミクロ経済学を学んで初めて、教育や保健、衛生にも経済学は適用されていることを知った。[4] リサーチペーパーは、シャンティのカンボジア事務所の図書館事業課に収集いただいたデータを使って、初等教育の内部効率（進級率）に対する学校図書室のインパクトについての定量分析を行った。運よくこのペーパーは、Distinguished Paper に選ばれ、卒業パーティーで賞金をいただいた。賞金はその日の夜の同窓生との最後のカラオケ代に消えたのはよい思い出である。とにかくこの時期が人生で一番勉強した気がする。定量調査の手法は、プロジェクトの効果やインパクトを測定するうえでいまも役立っている。

二〇〇六年にシャンティに戻ってからは、事務局次長は辞めさせてもらい、つまり降格させてもらって、企画調査室長を拝命した。このユニットは私と他一名で構成され、シャンティの事業は担当せず、一年のうち六カ月は外務省やJICAのコンサルタント業務（事業評価、調査、研修等）に応札・受託・実施して収益をあげ、残りの六カ月間をシャンティの海外事業の評価や新規事業の形成、海外事務所のスタッフの研修、シャンティが事務局を務めている「教育協力NGOネットワーク」（Japan

3　本書巻末の用語一覧を参照。

4　二〇一九年度のノーベル経済学賞を受賞したエステル・デュフロ、アビジット・バナジー、マイケル・クレマーはミクロ経済学をもとに教育プログラムの有効性を検証した。たとえば、インドの学校にカメラを設置すると教員の欠勤が減って子どもたちの成績が向上する、ケニアでは子どもの腸内寄生虫駆除を行うと学校の欠席率が下がる等を実証研究によって明らかにした。

NGO Network for Education：JNNE）[5]を通じた教育協力についての政策提言やキャンペーンを実施するというものだった。コンサル業務は最初受注できず苦労したが、なんとか実績を積むことができるようになった。

ところが二〇〇九年にシャンティのアフガニスタン事務所長に異動になった。所長と言っても、シャンティと同じくナンガハル州に事務所を持つペシャワール会の日本人職員が二〇〇八年に殺害されるなど、当時すでに治安が悪化していたので、年に数回、節目に二週間出張するだけで、ほどんとの期間は東京事務所で遠隔管理した。アフガニスタン事務所は、青空学級解消のための校舎の建設、学校図書室の普及、子ども図書館の運営を行っていた。学校図書館事業の評価調査のため、ナンガハル州の小学校でひげもじゃの教員にインタビューした際、

アフガニスタンでの読書推進についての教員研修

「内戦中はムジャヒディン（イスラム戦士）の司令官として銃を持って戦っていた。いまは教室で絵本を持って読み聞かせをして、子どもたちを笑わせるのが楽しい」と言われたのが印象に残っている。

三．現在の仕事の内容

二〇一七年四月より、「被災学校の防災能力強化事業」を実施するためにネパール事務所長としてカトマンズに赴任し、現在に至っている。

ネパールでは二〇一五年四月に大地震が起き、九、〇〇〇名が亡くなり、七六万世帯が家屋を失い、七、五〇〇校の校舎が全半壊になった。

この事業は、①校舎建設、②防災教育、③学校防災管理、④住民啓発で構成され、三六の小中学校を対象としている。①の校舎建設につ

5　本書巻末の用語一覧を参照。

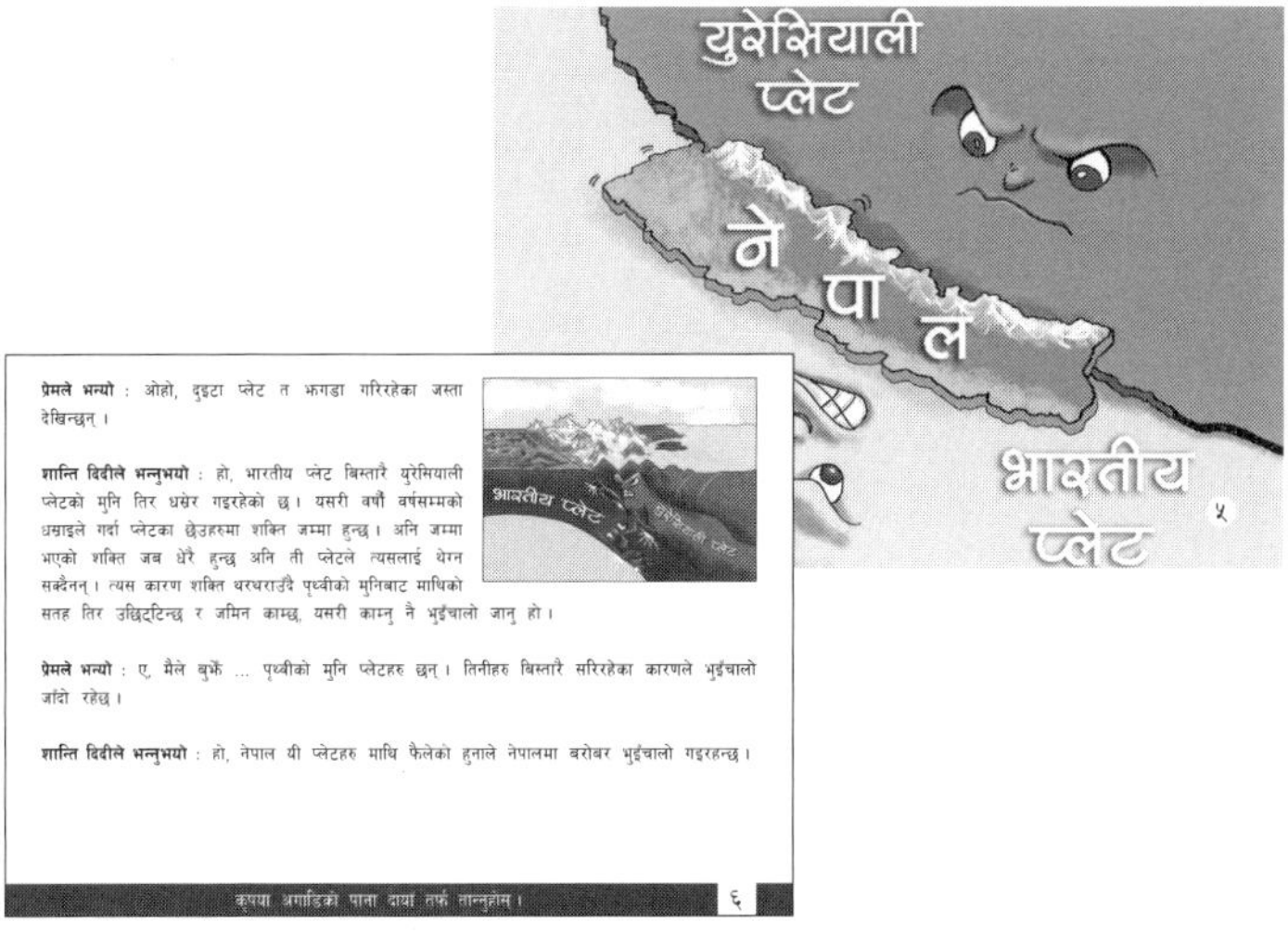

ネパールで開発した防災紙芝居「地震はなぜ起こるの?」

いては、仙台防災会議で合意された「より良い復興（Build Back Better）」の考えに沿って、耐震構造の校舎を建設している。②の防災教育については、ネパールの出版社と協力して防災についての紙芝居を制作し、紙芝居の演じ方についての教員研修を行ったうえで、学校に配布している。「地震はなぜ起こるの」「学校で地震が起きた際どうやって身を守るか」「地滑り」「雷と火事」などをテーマに六タイトルの紙芝居を発行した。ネパールでは過去に紙芝居が発行されたことがなかった。将来はネパールの出版社が独自に紙芝居を商業出版できるように、作家、イラストレーター、編集者を対象に紙芝居制作についての研修を計画している。③の学校防災管理では、災害時の避難経路や教員の役割を定めた学校防災計画の策定、避難訓練、児童による学校周辺のコミュニティ・ハザードマップの作成を行っている。④の住民の啓発では、学校防災計画の説明会、避難訓練の見学、ハザードマップの発表会への参加を行っているが、住民は農作業や家屋の復興で忙しいため参加者が少ないことが課題である。

また国際協力NGOによる日本国内での開発教育や地球規模課題についての啓発、ボランティア活動を通じた市民の学びもNGOの重要な役割であるという思いから、上智大学の教育学研究科の博士課程に進み、博士論文を作成中である。

四．緊急人道支援に関わるエピソード

ミャンマー（ビルマ）からタイに逃れている難民のコミュニティ図書館事業に従事していたとき、

キャンプ図書館で本を読む子どもたち

人道支援における図書館や文化の意義を難民の子どもから教えてもらった。この事業を始めた二〇〇〇年当時、政府軍と少数民族勢力との間の紛争およびミャンマー軍事政権による人権弾圧からタイに逃れた難民は一四万人を数え一〇の難民キャンプで生活していた。キャンプ内では保健、食糧、居住といった分野で多くのNGOが支援活動を行っており、学校も小学校から高校まであった。しかし、文化や余暇の機会が不足していた。サッカーやバレーボールなどのスポーツを行うスペースはあるが、子どもが安心して遊んだり、過ごしたりすることができる場所はなかった。また多くの子どもや若者が、心理的な傷（トラウマ）を負っていた。子どもに自由に絵を描かせると、「父の死」「紛争」「ジャングルでの生活」といった悲惨な出来事の体験を表現する子どもが多かった。

そこでシャンティはコミュニティ図書館事業を計画し、私が赴任中に二つのキャンプに六館のコミュニティ図書館の設立を支援した。子どもの発達のためには、食べ物や住居だけでなく、本を読んだりおはなしを聞く機会も必要であるとシャンティは考えている。本やおはなしは心の栄養なのだ。また本は子どもの想像力を高め、子どもたちの他者と協力する態度を養うだけでなく、子どもの心理的な傷を癒す力もある。図書館といってもタイ政府の方針により難民が使用する恒久的な施設の建設は禁じられているため、ユーカリの木と竹で作り、屋根は葉でできた簡易な建物である。しかもキャンプには電気がない。

事業形成調査から計画書・予算書の作成、事務所の設立、スタッフの採用と研修、ドナー調整会合およびタイ政府内務省からの事業承認、

キャンプ図書館の概観

ＵＮＨＣＲと事業実施契約、図書館の建設、図書の調達と供与、図書館委員会の設立、図書館運営規則の策定、図書館員の研修、そして開館まで二年間の準備期間がかかった。以下は図書館開館直後に一〇歳の子どもが書いてくれた詩である。

ぼくは毎日学校に行かなきゃならない
なかにはとてもむずかしい授業もある
先生にはときどき叱られるし、たたかれることもある
学校に穴のあいた服を着ていって
ともだちに笑われることもあるし
外で遊んでばかりいると両親にも叱られる
でもいまは図書館ができた
叱られたって図書館に行って本を読んでいるうちに気が晴れる
図書館の本はぼくを叱ったりたたいたりしないし
穴があいている服を着ていたってぼくを笑ったりもしない

この詩から図書館は子どもの教育、発達、保護、生存において重要な役割を果たしていることがよくわかる。ミャンマー難民キャンプに図書館を設立して本当によかったと思った

五．ワーク＆ライフのバランス

プロジェクト運営や人事、予算管理、さらに異文化での生活にはトラブルやストレスがつきものだ。職場を離れたら仕事のことは考えないことが大切だが、現実には難しい。また家族と離れた生活なので孤独になりがちだ。そこで心がけていることは、趣味のテニスをすることによって仕事のことをまったく考えない時間を持つことだ。テニスをしているあいだは、トラブルについて考える余裕はないので、結果的にリフレッシュすることができる。また小説を読んだり、友人と食事をしたりすることも、気晴らしに役立っている。

六．自身にとっての緊急人道支援とは

難民の人たちが、着の身着のまま国境を越えるとき、唯一持って来られるものは、彼ら彼女らの文化である。ゆえにシャンティは人道支援における文化的側面を重視している。ミャンマー難民キャンプでは各民族の民話を収集して絵本や紙芝居として出版してきた。カンボジアではポルポト政権時代に焼かれ、捨てられてしまった図書を復刻してきた。アフガニスタンではタリバンが禁じた踊りの教室を子ども図書館で開いていた。紛争や災害からの復興の基礎は文化であるという信念のもとに今後も人道支援に携わっていきたい。また人道支援における文化の重要性を国際社会に伝えることもシャンティの役割である。

三宅隆史
（みやけ　たかふみ）

シャンティ国際ボランティア会ネパール事務所長、教育協力ＮＧＯネットワーク（ＪＮＮＥ）事務局長。政策研究大学院大学修士（国際開発学）。上智大学教育学研究科博士課程単位取得満期退学。日本ユネスコ協会連盟を経て現職。Asian South Pacific Association for Basic and Adult Education 理事、開発教育協会理事を務めた。共著に『ＳＤＧｓと開発教育』（学文社）、『途上国世界の教育と開発』（上智大学出版）、『内発的発展と教育』（評論社）等がある。

第十章

日本の高齢者介護と中東の難民支援は別物か？
～支援する仕事を行き来する関わり方

外務省国際協力局
緊急・人道支援課
川越東弥

一．緊急人道支援を目指す・関わるきっかけ

私は中学生のころから国際協力の仕事に就きたいと考えていたが、それは自分が生きている場所とは異なる海外への強い関心と、オードリー・ヘップバーンがユニセフ親善大使として活動していることを知ったのがきっかけであった。まず、どうやってその仕事に就けるのかを調べ、その後はどう自分がその仕事に携わりたいのかを考えるようになった。この答えは、実はいまも模索中であり、その模索している過程が一つの答えだと感じている。

振り返ると、開発支援よりも緊急人道支援に多く携わってきた。それは私が駐在してきた場所が紛争地だったので、結果的にそうなったとも言えるが、単なる偶然ではなく、そういう場所を自分の

フィールドとして選んだ自分の選択によるものだ。

私が中東に関わるきっかけとなったのは、パレスチナだ。大学生のころはアフリカの人や文化、服の色使いや民族柄に惹かれ、そこで働きたいとずっと考えていたが、英国の大学院留学中に国際ワークキャンプ[1]への参加のため訪れたパレスチナで、目の前で起こっていることに大きな衝撃を受け、その事実を知らなかった無知の自分に怒りさえ感じた。まだ第二次インティファーダ（民衆蜂起）のころで、日常に闘争がある生活を初めて目の当たりにした。英国に戻るとイラク戦争が勃発し、戦争反対運動に多くの市民が声を上げデモに参加している状況の中で、ますます「知ってしまった自分が行動すること」の意義を強く感じ、中東の紛争が起こっている場所で、緊急人道支援に従事していくことになっていった。

二．これまでの経歴

私の経歴は、自分の迷いがそのまま表れている。一見、一貫した経歴ではなく、説明もしにくい。時系列に書き出してみると次のようになる。

・高校生のときに将来的に自分が専門としたい分野を決められず、幅広く学べる国際関係学科を専攻。

・就職氷河期で就職活動をする気になれず、海外大学院に留学し、大学での専攻から分野を狭めて障害学（Disability Studies）を専攻。専攻分野を決めたきっかけは、大学時代に三年半続けていた高齢者介護施設での夜勤のアルバイトで、現場の実践を通して疑問に思ったことを、当事者の視点から確立した学問を通して学びたいと思ったから。

・英国大学院留学中に初めてパレスチナを訪れた経験を通して、現場のフロントラインで働きたいという思いを強める。留学から帰国後、パレスチナで活動する国際協力NGO[2]でインターンやボランティアとして人道支援に関わりつつ、高齢者介護施設に勤務（介護福祉士取得）。

・その後、国際協力の仕事を模索して日本貿易振興機構アジア経済研究所開発スクール（IDEAS）に一年間通学。開発学を修得（ディプロマ取得）するも、なかなか国際協力の実務に有給・常勤で従事する機会をつかめず、訪問介護事業所に勤務し国内での支援実践経験を積む。

・インターンやボランティアとして関わってきた国際協力NGOである特定非営利活動法人「パレスチナ子どものキャンペーン」のエルサレム駐在員に採用され、有給・常勤で国際協力の仕事に携わる。このとき二八歳で、私の緊急人道支援の経歴はここから始まる。その後、同じように国際協力NGOである「難民を助ける会」でスーダン、「ピースウィンズ・ジャパン」でイラクに駐在。計三つの国際協力NGOでの勤務を経験する。

・NGOで、教育、心理サポート、保健、農業、シェルター、非食料物資の配布、水・衛生、

1　国際ワークキャンプとは、国内・海外で世界の仲間や住民と一緒に、地域のために動く「合宿型のボランティア」のこと。（特定非営利活動法人NICE（日本国際ワークキャンプセンター））

2　本書巻末の用語一覧を参照。

地雷対策といったさまざまな分野の事業を実施。また、アセスメント（支援のニーズ調査）、事業立案、資金獲得、事業実施管理、申請書や報告書の作成、予算管理・監査対応、モニタリングと評価など、一連の事業サイクルに携わり、幅広く緊急人道支援を行うマネジメント業務に従事。

・一方で、特定分野の専門家としてのスキルや関連事業への関与に未練もあり、出張ベースで海外での多分野の緊急人道支援の仕事に従事しながら、上智社会福祉専門学校の夜間課程で社会福祉の勉強も再開（社会福祉士を取得し、現在は精神保健福祉士の勉強中）。

・その後、任期付職員の募集に応募し外務省に勤務。ミクロ（日本の社会福祉での

スーダンで感染症対策の啓発を実施　©AAR Japan［難民を助ける会］

対人援助）、メゾ（ＮＧＯでの中東における緊急人道支援活動）を経て、マクロ（外務省での緊急・人道支援にかかる政策）レベルで支援する仕事に従事。今後、またミクロの現場に携わりたいという思いも持ちつつ、この三つの間を行き来することを考えている。

結論としては、未だに模索しながら進んでいる、ということだ。

日本に帰国してからのここ数年は、大学の講義で教える機会もあり、教えることを通して学ぶことも大きい。講義をした後に今度は自分が学生の立場でソーシャルワークの授業を受けていたりする。また、緊急下の子どもの保護に関する国際基準の研修ファシリテーターを担当する機会も得て、現場経験から話せることも多い。細切れだが、この迷いの経歴も悪くないと感じている。

三．現在の仕事の内容

私は現在、外務省の国際協力局緊急・人道支援課に所属し、文字通り国際協力の中でも緊急人道支援を扱う部署にいる。同課では、人道支援に関する外交政策を所掌しており、たとえば国連総会における関連決議や、難民や避難民などの移動を強いられた人々に関わる支援などについて日本政府の方針や対応を扱う業務を行っている。災害時などに相手国政府の要請に基づき国際緊急援助隊の派遣を行うこと、また、喫緊に必要となる緊急援助物資の供与を行う実践的な業務を含み、人道支援を担う国際機関も所管している。私は現在、国連難民高等弁務官事務所（ＵＮＨＣＲ）および国連パレスチナ難民救済事業機関（ＵＮＲＷＡ）を担当している。

ＮＧＯでは、これら国際機関と実践のフィールドで連携・協働・調整を行いながら支援事業を行ってきたが、今度は日本政府という国際機関に資金を拠出するドナー[3]の立場からこれら国際機関の運営や計画に関与するという立場へと変化した。この立場の違いは、得られる情報の内容や量が異なるだけでなく、より広い視野で国際機関の動き全体を捉えることにつながっている。たとえば、ＮＧＯの勤務時に見えていなかった現場の実践の元になる方針や枠組み、ドナーが求めることや考え方を知ることとなり、逆に政府の立場からは見えないこととしてＮＧＯでの現場経験は貴重なものだと実感している。

ＮＧＯは実践現場の最前線におり、自分は現場が好きで向いていると思ってきたので、政府で働くとは想像もしていなかった。しかし、任期付職員というポジションを活用して、公務員試験を受けることなく、民間での経験をいかして政府側の仕事に従事する機会を得た。中途採用という方法もある。四〇歳手前にして外務省での仕事を経験できているのは、今後も緊急人道支援に携わっていくうえで、やりがいがあり今後につながるものと感じている。

同時に、半年前まで約一〇年働いていたＮＧＯの経験も、支援の本質を肌で感じる場であり、かけがえのない経験となっている。扱う支援領域が広く、業務があまり縦割りされず一通りこなすため、ＮＧＯの駐在経験を積むと、どの分野の事業でもできるようになっていく。

国連職員やＪＰＯ経験者も、最初のフィールド経験をＮＧＯで積んでいることが多い。人材を引き留められないという意味ではＮＧＯの課題でもあるが、実践的な現場経験を積める場所としてＮＧＯ

の意義は大きく、ボランティアやインターンの機会もあるので、ぜひ活用してもらいたい。

四．緊急人道支援に関わるエピソード

私が最初に苦労したのは、パレスチナ駐在時に発生したイスラエル軍のガザ侵攻による人道危機への対応だ。日々死傷者が増える中で、どんな支援を迅速に行えるか、それを各分野のクラスター会議[4]で調整することは容易ではなかった。日頃から倉庫を借り上げて援助物資を備蓄できるような規模のＮＧＯではなく、大きな予算もすぐに用意できるわけでもない。そんな中で、支援内容や場所の重複を避けてより効果的な支援を行うための調整は重要だ。いかにパートナーを組む現地団体

3　本書巻末の用語一覧を参照。
4　本書巻末の用語一覧を参照。

パレスチナ・ガザ地区で紛争後に家が破壊された中、パンをもらって喜ぶ子どもたち

を早く見つけて、対象者と支援内容を決めて実施に移すか、その初動が重要になる。また、援助調整は、頻回な会議や連絡・報告など時間や手間もかかる。調整の末に食料バスケットを配布することとなったのだが、イスラエルのガザ境界管理の制限でガザ地区外から調達した物資が一向に現場に届かなかった。しばらくして人道支援関係者にガザ地区入域が許されたのだが、地区内の貧しい農家の新鮮な野菜を調達して避難者に届けるほうが早く実践できた。本当に必要な支援を迅速に行うためには、日頃の準備（preparedness）や不測の事態への備え（contingency）、そしてどういう予算をどうすればすぐに使えるか、新たな予算をどこから獲得できるかという頭の体操とそれを実行できるスキル（申請書の作成やドナーへの働きかけ）、加えて現地事情への精通が重要だと学んだ。

その後イラクに駐在したときには、欧米のNGO団体にも引けをとらない規模の大きい活動展開をしている日本のNGOに所属していたこともあり、「イスラム国」が迫る中で逃れてきた人々に必要な支援を迅速に行うことができた。とりわけ、支援が行き届きにくい場所で、需要と供給のギャップとなっているものを埋める活動を展開した。たとえば、難民・避難民キャンプは世帯数の把握が容易であり、物資の配布計画も立てやすいが、多くの人々がキャンプ外の街中に避難しており把握が困難であるため、まずキャンプへの支援から実施されることが多い。そのような中でキャンプ外の難民・避難民への支援を積極的に行った。また、難民・避難民の受け入れ負担が大きい地域コミュニティへの支援も、難民・避難民と地域住民間の緊張関係の緩和や社会的結束（social cohesion）の観点から重要であり、受入れコミュニティへの支援も多く実施した。

そのような活動を展開する中で、感じるジレンマもある。一つは、人道支援を調整する過程で、支援場所や実施内容について早い者勝ちとも言える支援団体間の競争があること。迅速さが求められる中で避けられないことではあるが、その中でうまく連携してより多くの効果的な支援を行うためには、日頃からクラスター会議で情報共有するなどお互いを知り協働できる関係を築くことが大切となる。

ほかにもジレンマはある。着の身着のまま恐怖から逃れてきた人々に食料や住まいの支援を行っている場所から程遠くないところで、多くの食材が捨てられている。余るほどの量を振る舞うのが一般的な食文化では、レストランで多くの料理が残り捨てられる。避難民キャンプに逃れてくる人もいれば、そのすぐ近くでは何台もの大型バスが観光客を乗せてやってくる。避暑を楽しむ人々と、キャンプで最低限の生活を営む人々、そのコントラストを目の当たりにする。それだけでなく、国際機関やNGOなどの支援のプロが集まり支援が専門化すればするほど、次の予算獲得を前提に現予算を消化し支援が継続される構造が形作られる、ニーズが支援者により生み出されていると感じることもある。緊急人道支援を専門とすればするほど、紛争や災害のような事態が起これば活動が維持されるという考えが頭の隅にあることも否定できず、そのジレンマを感じなくなるのは非常に危険だと考える。

五．ワーク&ライフのバランス

ほかの仕事もそうだと思うが、この仕事も葛藤を感じないことはない。何が本当に効果的で適切な支援かは、一様に評価できない。自分がやっていることの意味を考えながらも、それに圧倒されて動

イラクで一緒に合気道をしていた仲間たちと

けなくならないような切り替えも重要だ。

私の息抜きは、細々と続けている合気道だ。エルサレム駐在時は、イスラエル人とパレスチナ人が共に稽古している道場に通うのが楽しみであり、援助関係者ではないいろいろな職業や考え方の仲間と出会えた。ギリシャまで合宿に行ったこともよい思い出であり、（宗教上の理由で一緒に技を組むことはなかったものの）正統派ユダヤ教徒の人とは普段の仕事でまったく関わることがなかったし、初対面で言葉が通じなくても一緒に技を行うことがコミュニケーションになる。イスラエルとパレスチナの情勢が悪化したときにも、共に稽古する場があることは救われた。

複数の居場所を持つことは切り替えができてよいと実感している。一つの居場所でうまくいかなくても、別の居場所で切り替えられたりする。日本に帰国してからは、イラク駐在時の仲間でときどき集まって「イラク会」をしているのも楽しみの一つだ。

最近は、勉強することが楽しい。数年前に日本に帰国した理由は、日本での福祉経験も途上国での人道支援経験も約一〇年となり、この節目に一度立ち止まって考えつつ、社会福祉士の勉強をしようと思ったからだ。未だ特定分野の専門性を捨てられないのも理由だが、出張しながら海外の人道支援にも携わりつつ、日本で夜間の専門学校に通った。その後さらに精神保健福祉士の勉強を続ける中で、NGOからいまの仕事に変わった。ソーシャルワークと人道支援は通じるものが多く、福祉施設などでの実習を通して対人援助の現場感を取り戻しつつ、仕事では政府の立場になり、どちらにも関わることができるのは得られるものが多いだけでなく、切り替えにもなる。仕事での経験が増えるほど、学ぶことに飢え、勉強できることのありがたみを感じつつ、学校や勉強仲間という居場所があることも励みになっている。

六．自身にとっての緊急人道支援とは

国際協力の仕事を目指す中で、NGOの現場に惹かれ、主に中東地域で避難を余儀なくされた人々への緊急人道支援に従事してきた。私の経歴は「支援する仕事」という括りで整合性をとっていると自分では思っている。

しかし、支援する仕事というのは厄介だと感じることが最近ある。誰かを支援することで自分が救

われていることが人を支援する仕事をしている理由となっていることは完全に否定できない、という指摘を最近精神保健福祉士の授業で受けて、改めてはっとさせられた。支援する仕事の専門家になるほど、その専門性が予算確保などのための「申請書を書くテクニック」なのかと感じることもあった。そのような中で、私の強みは、ミクロ・メゾ・マクロの異なる立場を行き来して支援に携われることだと感じており、それをいかしていきたいと考える。NGOから政府の立場に変わって感じるのは、お互いのわかりあえなさは想像以上に大きい、ということだ。どう連携できるか、協働できるかを考えるとき、お互いの立場を考えながらコミュニケーションが取れることが大事だと感じる。そのためには、どちらも経験し、行き来できる強みはいかされるはずだ。

ソーシャルワークでは、まず目の前の一人と出会うことから、目の前の一人を通して社会を変えるという考え方があるが、一人の人としての目線に加え、その人を取り巻くより大きな社会全体の目線から物事を見られることで、これまで見えていなかったことや見えにくかったことに気づけるのではないだろうか。いかに自分が経験していないことを相手の気持ちになって考えられるか。それは、自分が支援者で相手が裨益者の難民であったとしても、また、自分がNGO職員で相手がドナーである政府の人であっても、同じように考えることができるのではないか。それが、わかりあえなさを埋めることにつながると考えている。

記載内容は個人の見解であり、現在もしくは過去の所属先の見解を示すものではない。

川越東弥
（かわごえ　はるみ）

外務省国際協力局緊急・人道支援課。アジア経済研究所開発スクール修了（開発学ディプロマ）、リーズ大学大学院社会学・社会政策学部障害学修士。特別養護老人ホームや訪問介護事業所等で勤務後、特定非営利活動法人パレスチナ子どものキャンペーン（エルサレム駐在）、同難民を助ける会（スーダン駐在、東北やカンボジア事業等従事）、同ピースウィンズ・ジャパン（イラク駐在、パレスチナ・シリア事業従事）を経て現職。人道行動における子どもの保護の最低基準（CPMS）ファシリテーター。介護福祉士、社会福祉士、児童指導員。上智社会福祉専門学校精神保健福祉士通信課程在籍。

第十一章

「よい支援とは？」正解のない問いに向き合い続ける覚悟

認定NPO法人IVY バングラデシュ事務所
現地事業統括補佐

木村万里子

一．緊急人道支援を目指す・関わるきっかけ

思い起こせば、満州事変に伴い中国大陸に出兵した祖父の存在が、戦争や平和といった事柄に私の関心を向かわせた原点と言えるかもしれない。食料が届かずひもじい思いをしたこと、蔣介石を追い大陸から台湾へ渡ったことなど祖父から戦争の話を聞いて育った。

その後中学のときに見たテレビ映像が、難民問題に関心を持つきっかけになった。イスラエルによるレバノン侵攻で故郷を追われたパレスチナの人々。難民キャンプに横たわる無数の白いテント。支援物資に並ぶ長蛇の列。「緊急人道支援」という言葉こそ知らなかったが、そういう仕事がしてみたいと思った。すでに一九八〇年代初頭には日本でも緊急人道支援を行う国際協力NGO[1]が設立されて

いたが、私の住む地方ではその存在を知る由もなく、国連職員は求められる能力の高さから縁遠い世界と感じ、緊急人道支援への憧れは少しずつ薄れていった。

再び緊急人道支援へ気持ちが傾くのは、転職で上京した後のこと。インターネットで見つけた認定NPO法人ジェンの活動報告会に参加し、活動に関わりたい旨伝えたところ、早速次の週末からボランティアをすることになった。二〇〇四年にジェン主催のスタディツアーに参加し、セルビア共和国で難民の心のケアや民族融和のための支援活動を視察、難民との交流など貴重な体験をしたが、そこで同世代の現地職員Aさんと出会った。サラエボの大学生だったAさんは戦争が激しくなりセルビアに逃れ、ジェンに就職。結婚、一児の父となり幸せな家庭を築いていた。一方で、大学は断念せざるを得ないと寂しそうに語った。そのとき、仕事を辞めて留学を考えていた私に「学べる環境に感謝して、頑張ってほしい」と言ってくれた。生まれた場所や時代が違えば、私もAさんと同じように学問をあきらめていたかもしれない。そう思うと、自然といまの立場に感謝し、紛争や貧困で学校に通えず十分な教育を受けられない世界の子どもたちを支援することで、少しでもその恩返しがしたいと思うようになった。

二．これまでの経歴――学びたいことに出会ったときが、学ぶタイミング

緊急人道支援団体によっては大学院や留学経験が就職条件となっている場合もあるが、私自身は学びたいことがあったからそれらを選択した。結果、大学および二つの大学院（一つは海外）と人より多

く学びの機会を得ることになった。

信州大学の学部時代は西洋史を専攻したが、平和教育に関心が高まり、筑波大学大学院教育研究科に進学。国際教育の授業では、民族紛争下のスリランカ留学生、元青年海外協力隊員など自らの経験に基づく「学びのテーマ」を持つ人が多く刺激を受け、彼らのように心からこれが学びたいと思うテーマと出会ったときに、再び学問の場に戻ってこようと思った。

果たして、一〇年後にその機会が訪れた。セルビア人との出会いから「緊急時の教育支援」に興味が芽生えたが、このときすでに三〇代半ば。留学後は直接支援活動に従事できるNGOへ就職することを見据え、早く仕事をしたい気持ちから一年で修士号が取得可能な英国の大学院に的を絞った。ただし緊急時の教育支援に特化して学べる大学はなく、緊急人道支援を専攻しながら教育についても学ぶ方法を選んだ。結果、ヨーク大学大学院政治学部の戦後復興研究コース（Post-war Recovery Studies）の門をたたくことに。

通常、大学院では週に三つ程度の講義を受ける以外は自習時間となるが、このコースは一〇月から三月までは朝から晩までびっしり授業があった。しかも、緊急人道支援に関する理論や枠組について学んだ後、それらをベースにディスカッション、ケーススタディ、ロールプレイ、プレゼンテーションなどを行う。理論と実践をバランスよく学べる点に魅力を感じて入学したものの、英語を母国語あるいは仕事上の言語とし、豊富な現場経験を持つ同級生との議論は大変などというものではなかった。

1　本書巻末の用語一覧を参照。

一五時には暗くなる冬を迎えるころにようやくペースをつかみ友人と映画や食事に行く余裕もできたが、基本的には部屋にこもり勉強の日々が続いた。

一二月にはコースの目玉である紛争経験国での研修。過去にはアフガニスタンなど単独での訪問が躊躇されるような地域が指定されていたが、この年の研修地は北アイルランド（英国国内）。教育をテーマにカトリックとプロテスタントそれぞれの生徒が通う学校、統合学校、双方の子どもたちを集めて活動している現地NGOを訪問、分離教育が子どもたちに与える影響など「紛争と教育」について深く考察できたことは貴重な経験となった。

三月になると、コースの山場である就業体験の準備に入る。これは紛争・災害後の地域でインターンをしながら、修士論文に必要な調査を

ヨーク大学の卒業式で同級生たちと

行うものである。ここでの経験が将来の仕事につながる可能性も高いことから、今後を見据えて選択するよう教授からアドバイスを受ける。私はボランティアをしていたジェンにお願いし、二〇〇五年に発生したパキスタン地震の支援現場でインターンをしながら、「国連や海外ＮＧＯによる教育支援が被災国の教育に与えた影響」をテーマに調査を行うことにした。

三．現在の仕事の内容――緊急人道支援の現場へ

教授の予告通り就業体験は、ＮＧＯ人生を切り開く第一歩となった。パキスタン地震で初めて試験的に導入されたクラスターアプローチ[2]のもと、教育クラスター会議に参加し、物資調達から現地職員の採用まで、支援現場での多様な仕事に触れることができた。インターンと修論執筆のための研究調査の両立は大変だったが、その後現場で活動する際の小さな自信にもなった。

修論提出後、ＮＧＯへの就職活動を開始。JICA Partners の求人情報を頼りに各ＮＧＯのホームページも見たが、「緊急人道支援×教育」に合う求人を探すのは容易ではなかった。開発コンサルティング会社[3]や教育分野以外のＮＧＯへの応募も検討し始めた矢先、教育支援ＮＧＯによる緊急救援事業担当の募集に巡り合った。それが、公益社団法人シャンティ国際ボランティア会（ＳＶＡ：以下、シャンティ）との出会いだった。

2　本書巻末の用語一覧を参照。
3　本書巻末の用語一覧を参照。

ネパール地震で支援した村の女性たちと　©SVA

シャンティには二〇〇七年二月〜二〇一八年四月まで一一年ほど在籍したが、最初の二年を緊急救援事業、続く四年を開発事業（ラオス・カンボジア担当）、以降は管理職として緊急と開発双方の事業に携わった。一一年間で国内外あわせて一五の緊急救援事業に従事したが、「よい支援とは何か」という問いに直面せざるを得ない場面の連続だったように思う。

海外の緊急救援では政治・社会・文化の違いに戸惑うこともあったが、国内での緊急救援でも難しさを感じることが多かった。避難所で傾聴活動を行った際、自宅が全壊してしまった方が「ローンやこれからのことを考えると気が滅入る。いっそ家の下敷きにでもなって死んでしまえばよかった」とつぶやかれたときには、どんな言葉をかけてよいかわからず、相手の手を握ることしかできなかった。東日本大震災でも特に福島県での支援活動では、私は本当にこの方たちの気持ちに寄り添うことができているのだろうか、という疑問がいつも頭から離れなかった。

そのような迷いの中で出会ったのが、「支援の質とアカウンタビリティ向上ネットワーク」[4]が主催するスフィア・スタンダード[5]などの「緊急人道支援の国際基準」に関する研修だった。研修を通じて、支援を受ける人の尊厳を守りながら支援を行うための重要な視点や、支援の最低基準について理解した。一つとして同じ現場はなく、国際基準ですべてが解決できるわけではないが、支援活動で直面する課題の多くは先人たちが直面してきた壁であり、彼らの経験や教訓が反映された国際基準の基本的な考え方は、支援を行う際の拠り所として有益である。さらに私は研修講師の資格も得て、NGO職員や国内災害に関わる方たちに向けて緊急人道支援の国際基準を伝える立場にもなった。

このほか、シャンティでは開発事業を通じて事業形成や評価、JICA草の根パートナー型事業や日本NGO連携無償資金協力（通称、N連）などの公的資金対応を行い、管理職として職員の採用・育成・評価、組織運営にも関わったが、これらすべての経験がいまの私の仕事にいかされている。

このように多忙な日々を送る一方、仕事人生の折り返しを過ぎたころから漠然と不安を感じるようになった。管理職になると事業担当とは異なるアウトプットが求められ、そのために必要なインプット（＝勉強など自身への投資）もままならずときが過ぎていくのを歯がゆく感じることが多くなった。先

4　本書巻末の用語一覧を参照。
5　本書巻末の用語一覧を参照。

に進むために「自分自身と向き合う」ことの必要性を痛感し、そのための時間を確保すべく退職を決意した。

当初は三カ月ほどで就職活動を始める予定でいたが、退職を知った方に声をかけられ、『スフィアハンドブック（二〇一八年改訂版）』日本語翻訳監修のコーディネーターをすることになった。また、研修講師の経験からワークショップに興味を持ち、認定特定非営利活動法人開発教育協会（DEAR）でボランティアを始めたところ、DEARが関わっていた聖心女子大学のグローバル共生研究所が運営するBE*hive（ビーハイブ）という展示およびワークショップスペースでの仕事を打診された。この二つの仕事を軸に、JQANの研修講師や上智大学の社会人講座「緊急人道支援講座」の準備を手伝いながら、海外旅行なども楽しみ、多忙ながらも充実した一年を過ごした。

この間、半生を振り返りながら次の道を模索し続ける中で、支援を担う人の育成に関心が向いていることに気づいた。NGOでの教育支援を夢見ていたころは途上国の子どもたちのことしか頭になかったが、シャンティでの経験を経て、広い意味で「教育」を捉えなおすことができたように思う。国際協力NGO職員による児童買春などの事件もあり、支援する側の質が問われている。また、後輩からキャリア相談をされることもあり、充電期間を活用してキャリアコンサルタントの国家資格を取得した。

二つの仕事の契約が終わる二〇一九年三月頃から、次の仕事を探し始めた。就職活動は根気と縁とタイミング。四〇代半ばを過ぎての転職の大変さはある程度覚悟していたが、地方や海外も含めて探す中、BE*hiveでの難民に関する展示を通じて関心を持った「ロヒンギャ難民支援」の募集に目が留まった。担当業務には難民を対象にした研修を行う現地職員の育成も含まれていた。

希望通りの仕事を得て、二〇一九年四月に認定NPO法人IVY（アイビー）に就職。五月からバングラデシュに駐在、現在に至る。シャンティで二〇〇七年にサイクロン・シドルの被災者支援を担当して以来、一二年ぶりのバングラデシュだが、難民支援や水衛生分野での活動と以前の経験とは異なる点も多く、新たに悩み学ぶことも多い日々を送っている。

四．緊急人道支援に関わるエピソード――正解のない問い

私が赴任した二〇一九年五月は、二〇一七年八月に大量の難民がミャンマーからバングラデシュへ逃れてから間もなく二年という時期だった。難民キャンプには簡易的な家が建ち、井戸やモスク、学校等の公共施設も整い、食料やガスの定期的な配給が行われており、緊急という雰囲気はあまり感じられなかった。一方、支援関係者の話から、難民たちは帰還の可能性をめぐって気持ちが不安定になっている様子がうか

ロヒンギャ難民へのインタビュー
©IVY

がえた。

二〇一九年六月にはバングラデシュのシェイク・ハシナ首相が公の席で、ロヒンギャ問題の解決に積極的ではないミャンマー政府を非難するとともに、「国際援助機関の支援があるから難民が帰らない」といった主旨の発言をしたこともあり（二〇一九年六月一〇日付 Dhaka Tribune 紙記事）、以降、支援活動に対する現地政府からの制約が徐々に厳しさを増してきたように感じる。

このような状況で新たな支援事業の計画を行うことになり、キャンプ生活の長期化や支援の減少傾向、難民へのインタビューなどから、難民が自活できるよう生計向上事業を考えた。しかしながら、キャンプ内での新規の支援活動は食料配布や医療、水衛生といった生命維持に関わる分野に限られるという話や、現金給付や難民の有償ボランティア活動の一部が止められているという実情、生計向上支援の必要性は高いが現地政府からの承認が得難いということもあり、支援活動の内容や対象についての再検討を余儀なくされた。

緊急人道支援に限らず、仕事のやり方に正解はない。利益の最大化がビジネスでは大事な視点の一つだが、緊急人道支援においても現地のニーズに見合うように募金や助成金を効率よく活用することは重要である。加えて、日々刻刻と変わる現地の状況やニーズにあわせて、柔軟に対応することも求められる。緊急ゆえ現場担当者の判断に任せられることもあり、情報収集力・分析力・決断力が必要とされる場面も多い。「正解のない仕事」だからこそ悩み、仲間と共に対応策を考え、チームで実行していく、その積み重ねでしか「よりよい支援」に近づくことができないのではないかと改めて感じている。

五．ワーク＆ライフのバランス――「二四時間戦えますか？」

緊急人道支援では、心身ともにタフであることが求められる。しかし、緊急時といえども睡眠や食事抜きではかえって非効率になり、常に緊張状態に置かれることは心身の健康にも影響を与えかねない。だからこそ仕事とプライベートの切り替えや独自のストレス解消法を持つことは重要であり、特に現場では目の前の過酷な状況から離れ、自身を解放することが求められる。

ストレス解消法は二つあり、一つ目は「一人の静かな時間を確保すること」。現場では常に人や情報のシャワーを浴びるため、いかにそこから短時間でも離れ一人になれるかが大事である。ポイントは「いつでも」「どこでも」「短時間で」「特別な道具がなくても」できること。私の場合は、読書、音楽（一人カラオケ）、瞑想、数独など。インターネットが使えれば、映画やお笑いの動画などを見てしばらく現実とは異なる世界に没頭することもある。

二つ目は、「仲間と美味しい食事をとりながら、たくさんしゃべること」。現在の赴任地では、ほかのNGOや国連に勤務する日本人と食事会を開き、持ち寄りで日本食やお酒を楽しんでいるが、よい情報交換の機会にもなっている。

また、バングラデシュでの駐在にあたり家族や友人に現地での生活を紹介すべくブログを始めてみたが、撮影した写真を眺めながら話を組み立て、好奇心をもって現地のことを調べ、わかりやすい文章を考えるなど一連のアウトプット作業や友人からのコメントが、ストレス解消や励みになることは意外な発見だった。

六．自身にとっての緊急人道支援とは――再び、なぜ緊急人道支援なのか

ＮＧＯに就職する以前は一〇年間民間企業で働いた。旅行添乗員、企業（総務・貿易・特許事務）で培われた接客と事務処理能力は間違いなくＮＧＯでの仕事の土台となっている。特に現場での判断と対応が求められる添乗員は、緊急救援の仕事と類似性が高いように思う。シャンティではスタディツアーの引率を行い、添乗員の経験をフルにいかすこともできた。人生で無駄なことなど一つもない、ということだろうか。

ボランティア時代を含めると二〇年近く緊急人道支援に携わっているが、そのうち半分以上をいわゆるバックヤード業務に費やしてきた。日本で現場を支える、これも欠かせない仕事である。公的資金や寄付など「支援する側」の善意を、「支援活動」という善行に変え、「支援を必要とする人たち」に送り届ける。それも、効率よく効果的に。そういったプロフェッショナル性（cool head）と同時に、支援を必要とする人たちの尊厳を守るための仕事への情熱（warm heart）をあわせ持つことが求められている。そのためには、支援者は「なぜ支援に関わるのか」「よい支援とは何か」という正解のない問いに向き合い続ける覚悟が必要とされているのではないかと、二〇年の月日を重ねる中で思うようになった。そのような覚悟をもって、これからも「緊急人道支援における人財育成」に関わり続けた

いと思う。

「家族を亡くしたことから医者の道へ」「大地震の体験がきっかけで防災の研究者に」緊急人道支援を目指すにあたり、私自身はこのような原体験を持ちあわせてはいない。専門性を持ち、一本筋の通ったキャリアを歩んでいる人が正直、羨ましい。しかしながら、そのような私もいま、緊急人道支援の現場に立っている。これはその時々で「自分はどうしたいのか」もがいてきた結果でしかない。緊急人道支援の道を目指しながらも最初の一歩が踏み出せず悩み、この本を手にとった方が、行き当たりばったりの私のキャリアのどこかに行動するきっかけを見出せることを願っている。

木村万里子
（きむら　まりこ）

認定NPO法人IVYバングラデシュ事務所現地事業統括補佐として、ロヒンギャ難民支援に従事。国家資格キャリアコンサルタント、ワークショップデザイナー。教育学（筑波大学）および政治学修士（University of York, Politics, Post-war Recovery Studies）。民間企業勤務を経て、公益社団法人シャンティ国際ボランティア会に入職。一一年間で国内外あわせて一五の緊急救援および教育支援事業に携わる。二〇一八年度版スフィアハンドブック翻訳プロジェクト監修委員。JQAN認定トレーナー、INEE MSトレーナー、上智大学「緊急人道支援講座」アドバイザーとして緊急人道支援に関わる人材育成にも力を入れる。

第十二章 「We Deliver ～必ず支援を届けます」

元国連ＷＦＰアジア地域局長
忍足謙朗

一．緊急人道支援を目指す・関わるきっかけ

もともと緊急人道支援を目指したわけでも、国際連合でのキャリアを考えていたわけでもなかった。一九八〇年、私は米国、サンフランシスコでなかなか進まない修士論文を書きながら、日本領事館でアルバイトをしていた。この先、アメリカに留まろうか、日本に帰って仕事を探そうかと迷っていた時期だった。そんなとき、偶然、領事館に立ち寄った外務省の方にＪＰＯ[1]を受けてみないかと訊かれたのがきっかけだった。国連で働くことはまったく考えていなかったし、ＪＰＯという採用制度も聞いたことがなかった。試験はなく、直接ニューヨークの国連開発計画（United Nations Development

1　本書巻末の用語一覧を参照。

Programme：以下、ＵＮＤＰ）の本部に面接に呼ばれたのだった。しかしＵＮＤＰという組織を知りもしなかったし、当時はネットで調べることもできず、面接を待っている間にそこらに置いてあったＵＮＤＰのパンフレットを読んだのを覚えている。思い返しても、よく採用になったなと、不思議に思う。

しばらくして、ＵＮＤＰからいただいたオファーは北アフリカのリビアへの赴任だった。リビアが正確にどこにあるのかも知らなかったし、ＵＮＤＰの仕事の内容もまったく想像できなかった。しかし、アメリカか日本かと迷っているのに疲れていた私は、思い切ってこの第三のオプション、アフリカに行くことを決めた。現在なら当然あるはずの事前説明・研修もなく、契約書と国連パスポートと航空券を発行するトラベルエージェントの名前が郵送されてきただけだった。この先、どうなるのかまったくわからない、まだ二四歳だった。

話をかなり飛ばすが、リビアのＵＮＤＰで二年間、その後、国連人間居住計画（United Nations Centre for Human Settlements：以下、ＵＮＣＨＳ-ＨＡＢＩＴＡＴ）のケニア、ナイロビ本部で六年間勤務した。これらの組織では開発支援に関わっていたわけだ。そのうち、やはり現場で仕事がしたいという気持ちが強くなり、自分には開発支援より結果が（おそらく）見えやすい人道支援の方が向いているかもしれないと思うようになった。もちろんまだ、緊急人道支援の世界を知らないわけだが。

次にとった行動は、国連世界食糧計画（World Food Programme：以下、ＷＦＰ）に何月何日にローマに寄るので面接してほしいと自分勝手な手紙を書き、それをローマのＷＦＰ本部に勤めていたアメリカ人の大学時代の友人に託した。行ってみると、幹部レベル四、五人との一対一のインタビューが待ち受けていた。インタビューを終えて、その同日の夕方にＷＦＰの人事室に立ち寄ると〝hire-him〟（こいつを雇え）と手書きで書かれた黄色い紙切れ（Post-it―ペタペタ貼るやつ）を見せられ、「君を雇うよ」と言われて、その展開の速さにびっくりした。

二．これまでの経歴

私の父は生まれも育ちもアメリカの日系二世だ。そのせいか、私は幼いころから東京にあるインターナショナルスクールに通っていた。自然と英語は子どものころから話せた。

その流れで、高校を出てからは日本の大学には行かず、アメリカの大学に入学した。父の母校でもあるカルフォルニア州のUniversity of the Pacificという大学の国際学部に入った。そこでは、特に専門的な勉強はしていないが、中国に興味を持っていたので、中国語や中国哲学などを学んで、大学三年のときに台湾に一学期留学した。大学での学位はB.A.in International Studiesというものだ。

その後、そのまま大学院に通うことになる。何をするべきかわからず、時間稼ぎだったとも思う。ここ学校は変わって、バーモント州にあるSchool for International Trainingという小さい大学院だ。ここでは国際協力に関連した勉強もした。たとえば、現在も多くの国際機関やＮＧＯが事業の計画に使う「ログフレーム」[2]を四〇年も前に教わった。さらに、同級生の何人かが米国平和部隊（Peace Corps

2　プロジェクト（事業）において、投入されるものがどのように期待される結果を生み出すか論理的に説明した図式。事業の計画や実施、評価する際に使用される。

Volunteer：日本の青年海外協力隊にあたる）経験者で、彼たちの経験談を聞いているうちに、自分も国際協力の道に少なからず興味を持ったような気がする。とはいえ、国連で仕事をすることなど頭にも浮かばなかった。この大学院で最終的にいただいた修士号はM.A. in International Administration（国際行政学）というものだ。

職歴については先に書いたリビアのＵＮＤＰに戻るわけだが、そこで初めてＦＡＯ、ＵＮＩＣＥＦ、ＩＬＯ、ＵＮＩＤＯ、ＷＨＯ、ＨＡＢＩＴＡＴなどの国連の専門機関とエキスパートの存在を知った。現在のＪＰＯ候補者の方たちから見たら「まさか」と思われそうだが、そんな無知をあまり引け目に感じることもなかった。初めての国連の職場がＵＮＤＰでよかったと思うのは、さまざまな国連組織との調整が主な仕事だったため、少なくとも開発分野においては国連全体がどのような仕事をしているのかがわかったことである。ＪＰＯを終わって、ＵＮＤＰは引き続き正規職員にはしてくれなかったので、あちらこちらの国連組織に雇ってくれと、手紙を書いた。

次に勤務したＵＮＣＨＳ‐ＨＡＢＩＴＡＴのナイロビ本部ではプログラムオフィサーとしてプロジェクトの予算管理や専門家の派遣業務などを担当した。ただし、アフリカにいながら、担当はアジアとラテンアメリカだった。国連の中では小さい組織だが、本部での業務を経験できたのはそれなりに勉強になった。そしてケニアでの生活も大好きだった。

ＷＦＰに移ってから緊急人道支援の仕事を経験するわけだが、初めての任地がザンビアだった（一九八九年）。当時ザンビアでは難民キャンプが二つあり、一つはザンビア東部にあるモザンビーク難民のキャンプで、もう一つは北部にあるアンゴラとコンゴ民主共和国（当時ザイール）から難民を受け入れるキャンプだ。これらで食糧配給という一見シンプルなようで問題や課題も多い人道支援の経験をまず積んだ。

次の任地は南部アフリカのレソト王国で（一九九〇年）、学校給食や母子栄養プロジェクトのようないわゆる「開発援助系」の食糧支援を行なっていた。小国で美しい国だが、現地政府との連携が時にいかに難しいかなどを学んだ。また、南アフリカのアパルトヘイトの実情とその移り変わりを身近で経験できた。

三年と思っていたレソトの任務を終える前の一九九二年に、六カ月間送り込まれたのがボスニア紛争（一九九二年～一九九五年）だ。ここで初めてリアルタイムの紛争の中に入り、人道支援の複雑さと危険性を経験した。防弾チョッキやヘルメットを装着して、実際に銃撃戦や迫撃砲の怖さも知った。また、平和維持活動（ＰＫＯ）や国連軍（旧ユーゴスラビアに展開されていたのはＵＮＰＲＯＦＯＲと呼ばれる）との接触も初めてだった。

ボスニアでの仕事の後、レソトには借家の荷物をたたむだけに一回帰り、すぐに赴任した食糧支援の次の地はカンボジアだった（一九九三年）。日本がＰＫＯに初めて参加した国連カンボジア暫定統治機構（ＵＮＴＡＣ）がカンボジアの選挙を指揮し、三〇万人を超す帰還難民が村々に戻って来ている最中だった。まだ政府軍とポルポト派が頻繁に戦闘を行っていて、新しい避難民を生み出す緊急事態と新しいカンボジアの復興が同時進行しているように思えた。

カンボジアでの三年間の任期を終えて、次に向かったのはローマのWFP本部だった（一九九六年）。本部では、WFP全体の四カ年計画を作成することを任された。その二年後、人事部の副部長を命ぜられた。人事部の仕事を頼まれたのは意外だったが、やってみると面白く、やはり組織の人事は公平で透明性が重要であることを身にしみて経験した。

一九九九年、コソボ紛争が勃発し、コソボでの緊急支援の指揮を短期間でいいからとってくれと頼まれ、三カ月ほど人事部を留守にしての出張のつもりで出かけた。しかし、現場の状況は複雑で、支援もとても大規模になり、結局一年半あまり、コソボを中心にバルカン半島のWFP特別代表を務めた。

コソボの任務が長引いたため、人事副部長のポストはほかの人に譲って、二〇〇〇年後半にコソボの任務を終えると、タイのバンコクにあるアジア地域局の次席として赴任した。それまで、アジア地域局はローマ本部内にあったので、新しい地域事務所の立ち上げから始まった。

アジア地域局における次席の仕事を五年間ほど続けた後、今度はスーダンにWFP代表としての赴任が決まった（二〇〇六年）。当時、スーダンはWFPの中では最大のオフィスで七七国籍からなる三〇〇人の国際スタッフと二、七〇〇人ほどの現地スーダン人スタッフを抱えていた。予算は年間一、〇〇〇億円近かった。まだ南スーダン独立前の時期で、南北とも支援を行っていたが、当時の最大の課題はスーダン北西部で続いていたダルフール紛争だった。スーダンでは、そのため、一国で二つのPKOミッションを抱えていて、それらとの連携も重要だった。

スーダン、ダルフールの避難民キャンプの小学校で

二〇〇九年、スーダンでの仕事を終え、今度はアジア地域局長として再びバンコクに戻った。五年間、アジア一四カ国の責任者として、紛争が続くアフガニスタンから政治的に複雑な北朝鮮なども見守りながら、いくつかの大規模自然災害の緊急支援の指揮もとった。二〇一四年に少し早めの五八歳での定年を決めて、約四〇年間住んでいなかった日本に戻ってきた。

ＷＦＰの人事システムというのは自分から次に赴任したい空きポストに応募するのが基本だが、私の場合は組織から次の任務を依頼されることが多かった。自由にキャリアを組み立てた記憶はそれほどない。その代わりというわけでもないが、どのポストでもかなり好き勝手にやらせてもらったと感じている。自分の仕事やリーダーシップのスタイルは、そういった自由な雰囲気の中で上司や、同僚、もちろん部下からも、さまざまな考え方を吸収することで、培ったものだと思っている。

三．現在の仕事の内容

日本に二〇一五年に帰国してからは、大学、その他教育機関、NGOなどを通して国際協力、特に国連や緊急人道支援に興味を持つ若い人たちの育成に力を入れている。直近では、二〇一九年に上智大学で始まった「緊急人道支援講座」のアドバイザー兼講師として、この分野の知識の提供や現場スキルの育成に関わっている。

四．緊急人道支援に関するエピソード

緊急人道支援の真っ只中にいると、通常の規則を守っていては、支援が間に合わないということがよくある。特にこれまで、スタッフもオフィスも食料が入った倉庫も何もないところに、ゼロから大規模な緊急支援を立ち上げなくてはならない場合だ。

このような状況の最たるものを初めて経験したのが旧ユーゴスラビアのコソボだった。一九九九年六月、隣国のアルバニアやマケドニア（現在の北マケドニア国）に避難していた八〇万人を超える難民たちが、紛争が終結した翌日に、いっせいにコソボへの帰還を始めた。前日までNATO軍による空爆が行われていた、電気もない、商売をしている店もない、煙のくすぶっているような町を目指してだ。それまでWFPは隣国の難民キャンプで食糧支援をしていたが、あっという間にキャンプは、も

コソボでWFPのヘリコプターによる食糧配給 ©WFP-Tom Haskell

ぬけの空になっていった。我々も帰還難民と一緒にコソボに入り、少なくとも七つの地域で食糧配給を早急に開始しなくてはならない状況だった。

食糧は隣国から輸送できるが、コソボにはまだ拠点となるオフィスも倉庫もない。さらにコソボ内の七つの地域で大勢の現地職員を雇わないと配給もできない。とりあえずとった行動は五〜六台の大型トラックに詰めるだけの食糧を積み込んで、マケドニアで仕事をしていたスタッフを数台のランドクルーザーに乗せてコソボに入った。その晩は野宿だったが、翌日から手分けして七地域のオフィスと倉庫の確保と現地スタッフの雇入れに走り回った。オフィスに関しては数千ドルの現金をスタッフに持たせ、使えそうな物件があれば、即座に借りる契約を結べと指示した。倉庫に関しては、使えそうな建物があれば、ＷＦＰが車両に貼る大きなステッカーをそこら中に貼って、確保してこいと指示をした。このとき、コソボには機能している自治体はなく（後に国連のＰＫＯ（ＵＮＭＩＫ）が統治することになっていた）、かなりの無茶が通ったといえよう。現地スタッフは二週間で五〇〇人ぐらい雇った。当然、正規のリクルートプロセスなど踏んでいない。英語を話せるかどうかぐらいが雇い入れる基準だった。国際スタッフは世界中から五〇人ぐらいが助っ人に駆けつけてくれた。

こうして、コソボにおいての緊急食糧支援は始まった。さらに大型ヘリコプター二機をコソボ入りしてすぐにローマ本部が長期にわたってチャーターしてくれ、町から離れた山村などへの定期的な食糧配給も可能にした。

五．ワーク＆ライフのバランス

緊急人道支援が行われる国や地域は通常、家族を連れていけないことが多い（non-family duty stationと呼ばれる）。紛争地域であればなおさらだ。だから、家族と離ればなれで暮らすスタッフが多数いる。私もコソボに緊急支援に入ったときは家族をローマに置いたまま、一年半近くも滞在した。国連にはセキュリティを含め生活が厳しい任地の場合、Ｒ＆Ｒ（Rest and Recuperation）という休暇制度があり、四〜八週間おきに、有給休暇とは別に任地の外で数日間休める。コソボの初期支援のときには危険度も高かったので、四週間に一度はローマに帰って家族と過ごすことができた。

ストレスの高い職場では、現場にいるときも息抜きは必要だ。人それぞれで現場での自由時間の過ごし方は違うが、やはりスタッフ同士や他の組織の人たちとの食事会やパーティーなどは頻繁に行われる（少なくとも自分のＷＦＰの経験では）。たとえば、コソボでは首都プリシュティナで新しいオフィスを契約して改築したときには、ＷＦＰは地下室に七〇人は入れるバーを作った。これはＷＦＰのスタッフに限らず、他のＵＮ、ＮＧＯ、ＰＫＯのスタッフなども集まることができる、有料だが non-profit のかなり本格的なバーだ。紛争後の町はまだ店などほとんど開業しておらず、現地で支援活動に携わる人たちの憩いの場となった。

特に危険度の高い現場では、集団生活が強いられる。スーダンでは、首都ハルツーム以外の職場では、スタッフは Compound と呼ばれる塀に囲まれた場所で共同生活をしていた。プライバシーが考慮された快適で安全な居住環境を作ることは、組織やリーダーシップの重要な責任だ。Compound は主に国際スタッフの居住地だが、現地スタッフとの交流もとても大切であり、できるだけそのような機会を作ることも考えなくてはならない。現場でのワーク＆ライフのバランスはスタッフ一人ひとりに任せるのではなく、マネージメントやチームとしても考えなくてはならない。

ちなみに私個人の息抜きとしては、音楽が好きなので、必ず楽器を持って行っていた。そこで、バンドを組んで人と音楽を楽しむのを、当たり前のようにどこの国でもやっていた。言語が通じなくともできる音楽だからこそ、仕事では知り合えない、現地のミュージシャンと音楽することがとても楽しかった。

六．自身にとっての緊急人道支援とは

緊急人道支援のスピード感、WFPの食糧支援というわかりやすいマンデート、子どもたちが笑い顔でご飯を食べるのを自分の目で見られるようなシンプルな満足感が、やはり自分に向いていたのだと思う。

緊急人道支援はどこであれ、支援を必要としている人たちがいれば、どんな困難なところにでも届ける。たとえば、スーダンでは、ダルフール、南スーダン、その他あわせて三二カ所のフィールドにオフィスを構えていた。もちろん、そこに赴任するスタッフは厳しい生活環境を我慢し、危険も伴う仕事をしていた。だが、そのような仲間と一緒に仕事をできたのは最高の喜びであり、支援の現場でスタッフや村人たちと時を過ごすのは、この仕事の魅力だといつ

スーダン、ダルフールの避難民キャンプで仕事するWFPスタッフと

も感じていた。

開発支援がゼロからプラスに持って行く支援であれば、緊急人道支援はマイナスからゼロに持っていく仕事だ。つまり、自然災害であり、紛争であり、住み慣れた家や職場も何もかも失ってしまうようなショックを受けた人たちに、支援を届け、通常もしくは最低限の生活を取り戻させるような仕事だ。辛い経験や思い出もあるが、ＷＦＰのような多国籍チームとナショナルスタッフが、一丸となってやり遂げる、感動も多い仕事だと思っている。

忍足謙朗
（おしだり　けんろう）

三〇年以上にわたり国連に勤務し、人道支援、開発支援の現場で活動。国連世界食糧計画-ＷＦＰではカンボジア、ボスニア、コソボ、スーダン共和国等の紛争地や自然災害の現場で大規模な緊急支援の指揮をとる。二〇〇九年からＷＦＰアジア地域局長を務め、アフガニスタン、北朝鮮などを含むアジア一四カ国の支援の総責任者となる。二〇〇六年にＴＢＳ「情熱大陸」、二〇一四年にＮＨＫ「プロフェッショナル―仕事の流儀」に出演。著書に「国連で学んだ―修羅場のリーダーシップ」（文藝春秋）がある。

第十三章 学ぶこと・教えることの意味を緊急人道支援を通じて考える

上智大学総合人間学部教育学科教授
グローバル教育センター長
小松太郎

一・緊急人道支援を目指す・関わるきっかけ

私が緊急人道支援に関わるきっかけは、二〇〇〇年から二年半、紛争地における国連暫定統治機構の職員として関わったコソボの教育復興だった。国連コソボ・ミッション（United Nations Interim Administration Mission for Kosovo：以下、UNMIK）と呼ばれた大規模の統治機構は、「人道的援助」「市民生活の統治」「経済政策」そして「民主主義機構の発展」の四つを進める目的で設置された。コソボの政治的地位が不明瞭な中で、国連が暫定的に統治行政を行っていたのである。教育支援というよりは教育行政そのものだった。赴任当初の教育支援の内容は、破壊された学校者の修復、児童の通学路の安全確保や、地雷回避教育の実施、教員への給与支払いなどである。子どもたちが安全に学び生活するために、制度構築や関係者の調整に奔走した。ここで言う「関係者」は、現地の行政職員や市民団体、国連諸機関、国際協力NGO[1]、各国から編成された警察や国際部隊と、多岐にわたる。加えて、現地で県議会が発足すると、五つの県を束ねる地域事務所で仕事をしていた私にとって、縦横の調整は複雑さを極めた。警察や軍隊を含むこれだけの多様なアクターと仕事を一緒に行うことは国内はもちろん、国際開発援助でも得られない経験だった[2]。

コソボでの仕事は、人道支援と平和構築を含んだ内容だったと言える。紛争直後という緊急下における教育アクセス確保の難しさ、そして「教育は平和構築の要」であるという実感を持った。この実感は、その後いくつかの実務の仕事経験を経て、大学教員として仕事をしているいまでも残っており、自身の研究や教育、社会活動に通底するものとなっている。

二．これまでの経歴

学部時代は、政治学・国際関係学を専攻した。当時から途上国の貧困問題に関心があった。いまほど国際協力について学ぶ科目はなかったが、アフガニスタン出身の教員が教える「第三世界の政治」という授業を受けて開発課題を深く考える機会を得たのも幸運だった。当時の一般的な日本の大学にしては珍しく(?)、毎週の課題が多く、授業も議論を行う機会が多かった。授業はすべて英語であり、帰国子女ではない私にとっては辛いことが多かったが、その分精神的にも鍛えられたと思う。「慣れない環境」でやっていく、というのは緊急人道支援にも通じるところがあると思う。

学部卒業後、民間の教育産業で一年半ほど仕事をした後、アジア経済研究所開発スクール（IDEAS）に入学した。IDEASでは政府開発援助（ODA）の仕組みや途上国の経済、政治、社会などを学んだ。人々に力を与える教育に関心があり、IDEASでも教育に関する修了論文を書いた。その後、奨学金を得て英国の大学院（ロンドン政治経済大学院、通称LSE）で途上国の社会政策・計画を学んだ。教育は保健や栄養、雇用などと密接に関連していることから、社会政策というより広い枠組みの中で学びたかった。

LSEでの学びが終わろうとしているころに、IDEAS事務局からJICA企画調査員の仕事を紹介いただいた。パキスタンの女子教育のニーズ調査である。パキスタンでは教育や保健などの分野の整備を包括的に進める社会開発プログラムを実施しており、その意味でも大学院での学びと関連していて興味深かった。四カ月ほどの滞在中に保守的な北部の地域を中心に、多くの学校を見て回った。

パキスタンでの仕事の後は、JPO[3]制度に受かり、国連教育文化科学機関（United Nations Educational, Scientific and Cultural Organization：以下、ユネスコ）のフランス・パリ本部に赴任した。途上国事務所での勤務を希望していた私にとって不本意な配置となったのだが、その後日本国内で盛り上がりを見せる「ユネスコ・スクール」を担当することになった。ユネスコ・スクール事業は国際理解教

1　本書巻末の用語一覧を参照。
2　拙著「教育で平和をつくる」（二〇〇六年、岩波書店）に、コソボでの仕事や生活について詳しく記している。
3　本書巻末の用語一覧を参照。

コーカサス諸国の教員たちとアルメニアで行った国際理解教育の研修

育を促進する学校ネットワークであり、世界中の学校の先生たちと一緒にグローバル教育の教材を作成したり研修を行ったりするのは楽しかった。元々ユネスコでの仕事に関心があったのは、教育の発展を単なる「学習機会の拡充」として捉えるのではなく、「教育を通じた世界平和の実現」を目指していたところにある。ユネスコ・スクールはまさにユネスコの理想を具現化する事業であった。一方で、平和が真に試される現場で仕事をしたいという気持ちが強まり、ユネスコを離れて前記の国連コソボ・ミッションに参加することとなった。

コソボでの勤務は二年半に及んだ。激務であり多くの同僚は六カ月の契約終了後に離れて行った。私の場合、現地の教員や校長、教育行政関係者、市民団体と密な関係ができており、制度構築や異民族間の関係修復、少数民族の学習権保障などに取り組んでいるうち、気がついたらそれだけの時間が過ぎていた。一方で、赴任後二年を過ぎたころから「自分が長くいると現地の人たちのオーナーシップを削いでしまうかもしれない」と考え始めていた。隣国ボスニア・ヘェルツェゴビナ国（以下、ボスニア）のユネスコ事務所に履歴書を送ると、すぐに事務所長から「来てほしい」との連絡が来た。新たな勤務地であるボスニアでは、対立する三つの民族のすべての子どもの教育アクセスを保証・実現する教育法規の整備などに関わった。その後、事務所の閉鎖が突然決まったのだが、ちょうどそのとき、ユネスコ本部の先輩同僚から「日本の大学に一緒に行かないか」と誘っていただいた。自身が経験してきたことを若者に伝えたいという気持ちもあり、また、新たな分野に挑戦したいとも思ったため、日本に行く（帰国する、という感覚ではなかった）ことを決めた。

九州の国立大学では、主に紛争後教育復興や途上国の教育政策・行政をテーマに教えたり研究に取り組んだ。アフガニスタンの教育復興支援のために、国際協力機構（ＪＩＣＡ）[4]の専門家として派遣されたこともある（二〇〇四年）。教育省の政策担当者とワークショップを行ったり、地方に出かけて教育復興の状況を視察し、ＪＩＣＡに今後の支援優先分野について提言を行った。この大学では六年間勤めたが、いろいろ仕事を引き受けているうちに多忙になり、自分が関心あるテーマについて時間をとって研究を深めたいという気持ちが強くなっていった。結婚し子どもも一人いたが、大学を離職し、米国の大学院（ミネソタ大学）博士課程に入った。ここでの学びはその後も私を支えている。

4　本書巻末の用語一覧を参照。

三．現在の仕事の内容

米国から帰国後、一年の「ブランク」（とはいっても、子どもの面倒を見たり、論文を執筆したり、講演を行ったりで、それなりに充実していたが）を経て、現在、都内の私立大学に勤務している。自身が国際開発や国際協力系ではなく教育学科に所属していることには、意味があると考えている。紛争や災害といった状況下で、人はなぜ学ぼうとするのか、なぜ教育が必要なのか、彼らの生命・生活を守り、紛争や災害に強い社会を構築する教育とは何なのか、といった問いに答えていくことは、教育とは何か、という究極的な問いに答えていくことだと思っている。授業では途上国や紛争地の教育と日本や先進国の教育を比較したりして、教育のありようを学生と議論している。

研究活動は、個人で行うものもあるが、国際協力団体と協働で行うこともある。数年前には、紛争影響国の若者の学習動機を調べる研究をＪＩＣＡ研究所と行った。日本の子どもや若者にとって教育を受けることは当たり前のことだが、東ティモールなど複数の事例研究からわかったことは、学びが仕事に就くためといった理由だけでなく、「学ぶことが楽しい、自信につながる」といった内的動機が強いことだった。教育を受ける機会を失った期間があったからこそ、学ぶことへの欲求が高いのであろう。ヒトは、やはり学びたい生き物なのである。

最近は、国内のＮＧＯと一緒に中東ヨルダンに避難したシリア難民の教育について調査している。彼らが行う補習授業の評価作業を手伝いつつ、難民の子どもたちが継続して学ぶ機会をどう保証する

東ティモールの紛争後、新たに学ぶ機会を得た若者たち

か、難民とホスト社会住民の関係を学校という場を通じてどう作るか、といった課題を探求している。これらの活動を通じて得られた知見や教訓は、国内外の学会やシンポジウムでNGO職員と共同で発表している。こうすることで、緊急人道支援としての教育の価値や課題について社会に広く発信していきたい。

社会貢献の一環として、国際協力に直接関わることもある。先述したJICA専門家としてのアフガニスタン赴任がその例である。国内でも、たとえば、ユネスコの招聘で来日した「アフリカの角」諸国の教育関係者や、JICA沖縄の事業で南米コロンビアから来日した教員に対して平和教育のワークショップを行った。自身が行っている教育・研究は最終的には紛争に影響を受ける社会の教育政策・実践の向上に寄与すべきと考えているので、こういった仕事の依頼は喜んで引き受けている。

二〇一九年には、人道支援の次世代人材育成を目指す社会人向けの「緊急人道支援講座」を大学で開設した。国内では、緊急人道支援について体系的に学ぶプログラムは存在しない。緊急人道支援は独自の歴史があり、紛争当事者の特定の側に立たないなど、中立性や独立性といった特有の原則があり基準がある。こういったことを理解し、混乱を極める現場で生命・生活が脅かされる人々に支援を届けるための知識やスキルを身につけるのがこの講座の目的である。この講座を通じて、緊急人道支援を側面から支える役割を担っていきたい。

四．緊急人道支援に関わるエピソード

緊急下で、障がいを持った子どもに学ぶ機会を提供するには困難が多い。前述したコソボでは、学校修復や基本法規の整備、民族間対立への対応などで忙しく、障がいを持った子どもたちの教育は後回しにされがちだった。月に一回、首都プリシュティナで開かれる教育局職員の全体会合でも、障がい児教育に関する話題が出ることは稀であった。一方で、現場で仕事をしている私のオフィスには、「学習権」という国際規範の浸透もあってか、障がいを持つ子どもを学ばせたいという保護者が訪れ、彼らのニーズに応える必要がある、という逼迫感があった。

障がい児に対する教育は、さまざまな配慮を要する。障がいの種類や程度によって、教育手法や施設・備品も変わる。当時は、健常児と障がい児が共に学ぶ「インクルーシブ教育」が国際的に推奨さ

れてきており、専門家の見地や保護者・子どもの意向を汲み取りながら、細やかな学習支援体制を整える必要があった。しかし、そこまでたどり着くには時間がかかるし、自身もそのような専門性を十分に持ち合わせているわけでもなかった。

そのような中で、「いま、できることは何か」ということを考えた。学校を視察すると、修復されたにもかかわらず、車椅子の子どもが使うスロープがない校舎が多いことが気になっていた。あるとき、年度末で幾らかの予算が余る、ということを聞いた。すぐに担当者に「その予算を使わせてほしい」と頼んだ。自身が担当していた地域の拠点校にスロープの設置工事を行い、廊下や教室の入り口をバリアフリーにし、特別な机や椅子も隣国から調達した。現地の福祉団体が学校教員に対する研修に協力してくれた。各市の教育事務所に通達し、子どもが来るのを待った。

しかし、依然として肢体障がいを持つ子どもの親が私の事務所を訪れ「行く学校がない」と言う。どのようにして保護者に広く知ってもらうか。あるとき、滞在アパートのテレビに最近始まったローカル局のニュースが映し出された。「テレビで報道してもらおう」。翌日、テレビ局を訪れ相談したところ、すぐに引き受けてくれた。いくつかの学校を映像に録り、私のインタビューも含めて放送してくれた。ここでさらに気がついたことがある。障がいを持った子どもは貧困家庭で育っているケースが多いという事実である。学校で環境を整えても、通学に要する費用が払えないのではないか。普通のバスを利用する車椅子の子どもや大人がいると聞いて、バス会社に障がい児のための運賃割引を交渉しに行った。割引制度は実現した。

紛争や災害の影響を受けた社会で教育を提供する際に遵守すべき国際スタンダードがある。「緊急期の教育支援機関ネットワーク（ＩＮＥＥ）[5]」が作成した「ミニマム・スタンダード」である。私はこの国際ネットワークの分科会委員であり、国内で研修も行っている。研修の受講者からは「このスタンダードは実現が難しく、ミニマムではなくマキシムなのではないか」という声を聞く。確かにそうである。「すべての子どもが学べる環境を実現する」というのは一般的な開発途上国でも難しい。ましてや緊急期はなおさらである。しかし、スタンダードがあるからこそ、学びたい子どもや若者の希求に応えなければならない、そのための最大限の努力を行う、ということになるのではないか。課題によってはその解決に時間がかかるものもある。であるならば、始められるところから始めるしかない。私の場合、現場で対応できることは進めつつ、教育局本部と協議し、障がい児教育の政策策定と推進を担当する部局を設置してもらった。短期・長期両方の視点が必要である。

後日談だが、バスの運転手を見つけて、割引制度について知っているか確認した。「知らない」と言う。「でも、障がいを持った子どもや大人が乗ってきたら、運賃を取らないよ。それが普通だ」とも言った。地域社会は、こちらが思う以上に潜在的な回復力・対応力（レジリエンス）がある。自分一人では多くのことはできない。しかし、賛同してくれる個人や団体は必ず見つかるし、地域が持つ力を土台にした対応は最大限の効果を生み出す。こういったことを教わったのも、コソボだった。

五．ワーク＆ライフのバランス

紛争影響地での仕事は、絶えず緊張を伴うため、心身のバランスを保つことは不可欠だ。アフガニスタンでは安全上の問題から二カ月間で三回滞在先を変えた。コソボでは、銃を持った人間がまだ多くいたし、大型の野犬が眼光するどく街をうろついていた。仕事は人々の生活に直接関わることだったし、民族関係の扱いを間違えれば、政治的な問題に発展しかねない事項も扱っていた。冬は極端に寒く、停電になると室内でスキーウェアを着てロウソクの火でしのいだ。

そのような環境下で、少しでも「楽しむ」時間を持つことは不可欠である。とはいっても、日本で手に入る娯楽があるわけではない。テレビもインターネットもつながらない場合もある。そんなときは、現地の人々がどのような楽しみ方を実践しているか観察し、できることを一緒に行う。コソボで、夏の暑いときは、地元の人たちと小さな湖で泳いだりしていた（水質はやや心配だったが）。自身が滞在した地域には渓谷があり、道路が修復されると週末には同僚や現地の友人たちと出かけてささやかにBBQなどをした。

本書の他の章でも触れられているが、国連機関で危険地に赴任すると、数カ月に一度半ば強制的に数日間の休暇（Occasional Recuperation Break：ORB）を取ることになる。日本に帰国するには短すぎる

5　緊急期の教育支援の質を上げるために、国連機関、NGO、ドナー、大学などが意見交換をしたり、ガイドライン等を作成したりする国際的なプラットフォーム。

ので、隣国の北マケドニア国などに行った。ホテルに滞在し、シャワーの水や部屋の電気が止まることを心配せずにゆっくりできるのは至福だった。北マケドニアはいわゆる「先進国」ではないが、首都スコピエには映画館があるし、カフェなどもあった。有給休暇とあわせて日本や以前の勤務地であったパリに行って家族や友人に会うこともあったが、コソボでの生活とのあまりに大きなギャップに戸惑い、コソボに戻った際には「再適応」するのに時間がかかった。その意味では、赴任期間は、似たような文化圏、かつ経済発展レベルも低中レベルの隣国への「避難」がちょうどよかったのかもしれない。

六．自身にとっての緊急人道支援とは

現在は大学に勤務していることから、直接現

大学でのイベントの様子

場で人道支援に当たるということはなくなった。しかしながら、緊急人道支援は、人々の生命や生活を守ることに直接関わるという意味において、国際協力の要であるといまでも考えている。特に、教育は、子どもや若者を保護し彼らの学びの欲求に応えるばかりでなく、将来の平和な社会の基盤を作ることにつながる。紛争で疲弊した社会で、壊れた人間関係をどのように再構築し、より公平・公正な社会を作っていけるか。教育はすべての問題を解決する魔法のクスリではないが、少なくともそこに大きく貢献する可能性がある。これを信じられるからこそ、いままでこの分野で仕事を続けてきた。一部の集団に教育機会が提供されていなかったり、不寛容を助長するような教育内容を続けていくことは、紛争の再発を招く可能性もある。「緊急状況」であるからといって教育を後回しにはできない。一年、二年と教育が断絶される期間が続くと、再び学校に戻ることが困難になる。学びは継続することで力になることを考えても、教育を後回しにはできないのである。

小松太郎
（こまつ　たろう）

上智大学総合人間科学部教授、グローバル教育センター長。ロンドン大学ＬＳＥ修士、米国ミネソタ大学院博士（教育政策・行政）。ＪＩＣＡパキスタン事務所、ユネスコ・パリ本部教育局、国連コソボミッション教育局、ユネスコ・サラエボ事務所、九州大学大学院准教授を経て現職。ＪＩＣＡアフガニスタン教育専門家、紛争復興国教員・行政官研修講師、ＩＮＥＥミニマム・スタンダード研修講師等。研究分野は開発途上国や紛争後社会の教育政策・教育行政と平和構築。著書に「教育で平和をつくる」（岩波書店）、編著に「途上国世界の教育と開発」（上智大学出版）など。

用語一覧

＊文責は編者。各種関連文献やＨＰ、本書執筆者による記述などを参考にした。情報は本書制作時（二〇一九年）のものである。

アカウンタビリティ（説明責任）（accountability）

事業のプロセスやその成果について、直接的なステークホルダー（関係者）に関連情報を開示・説明すること。および、それにより事業の改善を図っていく姿勢を意味する。国際支援においては、支援団体にとってのアカウンタビリティの主な対象は資金の拠出者（国際機関、援助国政府や納税者、寄付者など）、および事業の受益者である。緊急下では、人々が脆弱な立場に置かれていることと支援を行う側が持つ力・資源との不均衡が大きいことから、特に事業受益者に対する説明責任の重要性が強調される。

開発コンサルティング会社（development consulting company）

政府や国際機関が開発協力事業を実施するにあたり、専門的スキルを現場に提供することを主な業務とする会社のこと。現地で調査し、開発計画を策定したり、実施したりする。インフラ開発から保健医療、経済、教育など幅広い分野を扱う。

教育協力ＮＧＯネットワーク（Japan NGO Network for Education：ＪＮＮＥ）

すべての人々の学びの保障を目指すための教育協力に関わる国際協力ＮＧＯを中心とした国内ネットワーク。内外ＮＧＯおよび関係諸機関との情報交換、教育協力の現状と課題および可能性、またＮＧＯ能力強化のニーズなどについての調査研究、教育協力に関するＮＧＯその他を対象にした能力強化、より効果的な教育協力政策のために、政府機関、国際機関への政策提言、教育協力に関する社会一般の理解の促進をはかるための啓蒙・広報活動、海外ＮＧＯとのネットワーク推進などを行う。

クラスターアプローチ（cluster approach）
人道支援活動に際して，国連および国際協力ＮＧＯなどの人道支援機関が個別に活動するのではなく，支援分野（クラスター）毎に調整機関（リード・エージェンシーもしくは**クラスター・リード**）を指定し，これらの機関を中心とする支援機関間の協力により、現場における支援ギャップを埋め、支援活動の効果を高めるためのアプローチ。緊急下では、各支援分野の支援調整を行う**クラスター会議**が頻繁に行われる。

国際協力ＮＧＯ（international NGO）
国際開発援助や国際緊急人道支援を主たる業務とする非政府組織（Non-Governmental Organization：ＮＧＯ）。ＮＧＯは一般的に初動が早く、緊急下の緊急人道支援では主要なアクターである。

国際協力機構（Japan International Cooperation Agency：ＪＩＣＡ）
日本の政府開発援助（Official Development Assistance：ＯＤＡ）を一元的に行う実施機関として、開発途上国への国際協力を行う。開発協力大綱に定められた「人間の安全保障」と「質の高い成長」の実現を組織のミッションとする。活動内容は、技術協力、有償資金協力、無償資金協力、海外協力隊派遣、調査研究等のほかに、国際緊急援助も行う。

ＪＰＯ（Junior Professional Officer）
自国の若手職員を国際機関に送り込み、その職員数を増やすために多くの政府が実施する制度。日本では外務省が原則二年間派遣経費を負担する。三五歳以下が対象であり、国際機関の正規職員となるために必要な知識・経験を積む機会を得る。派遣期間終了後も引き続き正規職員として派遣先機関や他の国際機関に採用されることが期待される。

支援の質とアカウンタビリティ向上ネットワーク（Japan Quality and Accountability Network：ＪＱＡＮ）

国際社会において重視されている被災者や難民等を中心に据えた「人道・開発支援における質（Quality）と説明責任（Accountability）」の理解と普及に向け、日本やアジアの関係者がつながり、国内外で活動、貢献していくことを目指し、二〇一五年七月に設立。日本のＮＧＯ関係者や医療従事者など、人道・開発支援に関わる団体および個人が参加。活動内容は、人道・開発支援における質や説明責任に関する原則、基準類の情報収集と発信、各種原則・基準類の認証制度の設計や普及活動への参加、研修の企画・開催や教材・資料類の翻訳と調査分析、トレーナー人材の育成・確保・人材管理、提言・調査活動など。

スフィア・スタンダード（Sphere Standard）

緊急人道支援の質向上のために策定された国際基準。一九九七年人道援助を行うＮＧＯのグループと国際赤十字・赤新月運動によって、災害援助における行動の質向上、説明責任を果たすために必要な人道憲章の枠組みづくりと行動規範、生命を守るための主要四分野における基準が取りまとめられる。その成果物である「スフィアハンドブック」は、人道憲章、権利保護の原則、人道支援の必須基準（ＣＨＳ）、四分野（一．給水、衛生および衛生促進（ＷＡＳＨ）、二．食料安全保障および栄養、三．避難所および避難先の居住地、四．保健医療）の達成すべき基準から構成され、改訂を重ねてきた。「スフィアハンドブック：人道憲章と人道支援における最低基準二〇一八」日本語訳は、ＪＱＡＮのＨＰ経由で入手可能。

誰も取り残すことのない（Leaving no one behind）

国連が掲げた二〇三〇年までの達成を目指す「持続可能な開発のための目標（ＳＤＧｓ）」に通底する理念・誓約。「最も脆弱な人々への支援を最優先する」（reach the furthest behind first）という考え方。

ドナー(donor)

国際協力の文脈では、援助供与国や機関を指す。日本の国際協力NGOの多くは、自己資金や募金以外に、日本政府(ドナー)から資金を調達し、現場で人道支援を行う。

ミレニアム開発目標(Millennium Development Goals：MDGs)

二〇〇〇年九月、ニューヨークの国連本部で開催されたサミットに参加した一四七の国家元首を含む一八九の国連加盟国代表が、より安全で豊かな世界づくりへの協力を約束するために「国連ミレニアム宣言」を採択。この宣言と一九九〇年代に開催された主要な国際会議やサミットでの開発目標をまとめたものが「ミレニアム開発目標(MDGs)」。MDGsは国際社会の支援を必要とする課題に対して二〇一五年までに達成するという期限付きの八つの目標、二一のターゲット、六〇の指標を掲げた。二〇一五年からは、二〇三〇年までの達成を目指す「持続可能な開発目標(Sustainable Development Goals：SDGs)」に引き継がれている。

おわりに

上智大学国際協力人材育成センターについて

本書は、上智大学国際協力人材育成センターの「グローバルキャリアのすすめ」第三弾です。第一弾は『世界銀行ダイアリー』、第二弾は『歴史に生きる―国連広報官の軌跡―』といずれも世界銀行（世銀）や国際連合（国連）で長く勤務した筆者の体験談を基に書かれたもので、これから国際機関を目指す方々の一つの指針となることを目指しました。この第三弾は、緊急人道支援活動に携わっている多くの方々の協力を得て刊行するものです。

国際協力人材育成センター（SHRIC）は、国際協力という幅広い分野において将来キャリアを目指したいという学生や社会人を支援する本学の活動の一環として二〇一五年に設立されました。それ以来すでに四年にわたる活動を行ってきましたが、国連や他の国際機関による各種のキャリアセミナーをホストしたり、「国連職員と話そう！」といった現職や退職した方々との直接の対話の機会を設けたりしてきています。さらに、国際機関や政府機関、NGOなどの専門家から成るアドバイザリー・ネットワークを設立し、さまざまな分野におけるキャリア・アドバイスを提供しています。

本センターは、より実践型の「国際公務員養成コース」と「国際公務員養成英語コース」を、当初本学の公開学習センターのプログラムとして二〇一六年より春と秋の二回にわたって開設してきましたが、二〇二〇年からはセンター独自の企画として実施しています。また、二〇一八年からは、ニューヨークの国連本部にて、夏休暇を利用した「実務型国連集中研修プログラム」を実施しています。これらの受講者の中からは、国際原子力機関（ＩＡＥＡ）や国連人口基金（ＵＮＦＰＡ）、国連事務局などに勤務している方々も出てきており、学生や社会人で大学院に進学した人も多く輩出しています。「緊急人道支援講座」はこの延長に設立され、本センターの大きな活動の一つとして注目されています。

国際社会が直面している地球規模の課題は多く、さらに紛争や自然災害によって緊急の人道支援から平和構築活動や持続可能な開発と発展に関する活動まで、多岐にわたって国際協力が不可欠な時代となっています。そのような中でグローバルな視野で活躍できる人材を育成する必要性がますます高くなってきています。他者まかせではなく、地球市民の一人して、力を合わせて将来の世代のために共に歩んでいきましょう。

植木安弘　上智大学総合グローバル学部教授
上智大学国際協力人材育成センター所長

二〇二〇年二月

国際協力・国際機関人材育成シリーズ3
国際緊急人道支援のキャリアと仕事
―人の命と生活を守るために―
グローバルキャリアのすすめ

発　行　日：2020年4月20日　初版第1刷発行
編　　　者：小松 太郎
発　行　者：末森 満
発　行　所：株式会社 国際開発ジャーナル社
〒113-0034
東京都文京区湯島2-2-6　フジヤミウラビル8F
TEL　03-5615-9670　　FAX　03-5615-9671
URL　https://www.idj.co.jp/　E-mail　mail@idj.co.jp
発　売　所：丸善出版 株式会社
〒101-0051
東京都千代田区神田神保町2-17　神田神保町ビル6F
TEL　03-3512-3256　　FAX　03-3512-3270
URL　https://www.maruzen-publishing.co.jp/
デザイン・制作：株式会社 光邦
表 紙 写 真：上部:フィリピン台風ハイエンでの緊急物資配布（2013年）©SVA
下部:コソボ紛争中の食糧配給（1999年）©WFP-Tom Haskell

ISBN 978-4-87539-806-6 C0030